Inge Volk · *Gibt es eine weibliche Politik?*

Gibt es eine weibliche Politik?

Gespräche mit Politikerinnen

herausgegeben von

Inge Volk

BELTZ
Quadriga

Die Autorin:
Inge Volk, geboren 1947 in Braunschweig, arbeitete als Journalistin u.a. beim *NDR* und der *Hamburger Morgenpost,* als Dramaturgin am Thalia Theater und an den Hamburger Kammerspielen und als Pressesprecherin bei der Kulturbehörde der Freien und Hansestadt Hamburg.

Die Deutsche Bibliothek – CIP-Einheitsaufnahme

Gibt es eine weibliche Politik? : Gespräche mit Politikerinnen / hrsg. von Inge Volk. – Weinheim ; Berlin : Quadriga-Verl., 1992
ISBN 3-88679-209-9
NE: Volk, Inge [Hrsg.]

Gesamtherstellung: Druckhaus Beltz, 6944 Hemsbach
Lektorat: Manuela Runge
Satz: Fotosatz Horst Kopietz, 6944 Hemsbach
Umschlaggestaltung: Dieter Vollendorf
Printed in Germany
ISBN 3-88679-209-9

Inhalt

Vorbemerkung

Zu Wahlzeiten wird häufig fieberhaft nach respektablen Frauen gesucht, um den weiblichen Anteil in den Parlamenten und Kabinetten sicherzustellen – ein numerisches Problem? Oder sind es weibliche Qualitäten wie Einfühlungsvermögen und Flexibilität, die Partei-Männer dazu bringen, sich auch Frauen in ihre Reihen zu holen? Und wie wirken sich diese Qualitäten aus? Muß eine Frau in der Politik anders ihren Geschäften nachgehen als ein Mann, damit sie etwas wird? Oder müssen Frauen männliches Gebaren kopieren, um an die Macht zu kommen? Und wie gehen sie dann mit dieser Macht um? All das frage ich mich seit Jahren, wenn Kandidatinnen präsentiert werden.
Gibt es sie eigentlich – die weibliche Politik?
So entstand der Gedanke, Politikerinnen verschiedener Parteien bei uns einmal zu fragen, wie sie denn dieses Problem sehen, ob sie Unterschiede festmachen konnten, wie ihr eigenes Verhältnis zur Macht ist.
Die Gespräche gingen alle von derselben Eingangsfrage aus: Gibt es eine weibliche Politik? Und alle Interviews entwikkelten sich anders, jede Frau fand *ihr* Themengebiet, verfolgte *ihren* Faden. Daraus entstand ein breites Themenspektrum und dennoch die gemeinsame Erkenntnis: Ja, es gibt eine weibliche Politik.
Frauen können und müssen Eigenschaften wie Sensibilität, Einfühlungsvermögen, Emotionalität, ihre größere Basisnähe in die Politik einbringen, denn wenn – so Carola von Braun – »dieser Globus noch eine Chance haben will, muß sich das weibliche Prinzip durchsetzen, also der ganzheitliche Ansatz«.

Inge Volk, Mai 1992

Carola von Braun

Vorsitzende der FDP-Fraktion
im Abgeordnetenhaus von Berlin

- *Geboren am 12. September 1942 in Nakuru (Kenia); Vater: Sigismund von Braun, Diplomat, Staatssekretär; Großvater: Magnus von Braun, Reichsminister; Onkel: Wernher von Braun, Raketenkonstrukteur, Physiker.*
- *13 Schulwechsel, 1961 Abitur in Bad Godesberg; sechs Semester Anglistik und Geschichte in Bonn und Berlin.*
- *Volontariat bei einem Nachrichtenmagazin; Journalistin.*
- *1974 bis 1980 Assistentin der FDP-Bundestagsabgeordneten Helga Schuchardt; seit 1974 Mitglied der FDP.*
- *1975 bis 1985 Mitglied des Kreistages Rhein-Sieg.*
- *1979 Vorsitzende der FDP-Kreistagsfraktion.*
- *1980 bis 1983 Mitglied des Bundestages; bildungs- und kulturpolitische Sprecherin der FDP-Bundestagsfraktion.*
- *1984 bis 1991 Frauenbeauftragte des Berliner Senats, seitdem beurlaubt.*
- *Seit 1986 Mitglied des Bundesvorstandes der FDP.*
- *Seit September 1990 Vorsitzende des vereinigten FDP-Landesverbandes Berlin.*
- *Seit November 1991 Vorsitzende der FDP-Fraktion im Abgeordnetenhaus von Berlin.*
- *Verheiratet, zwei Söhne.*

»Ich fürchte, wir sind als Geschlecht noch auf der Sachbearbeiterebene.«

Fangen wir mal mit dem Führungsverhalten von Frauen an. Frauen achten mehr auf Ausgleich, achten darauf, daß alle ihre Spielwiesen bekommen, daß alle auch mit erhobenem Kopf durch die Landschaft gehen können. Sieg oder Niederlage spielt nicht so eine Rolle, Frauen reiben sich nicht die Hände, wenn einer unterliegt, sondern fragen sich gleich: Wie hält das alles nun weiter zusammen? Was für Brücken baust du dem jetzt, damit er nicht als Verlierer dasteht? Ich glaube, daß jedenfalls unsere Generation von Frauen da mehr darauf achtet. Die Generationen vor uns waren viel mehr Einzelkämpferinnen, mußten es auch sein, hatten viele Schrammen, ehe sie überhaupt nach oben kamen. Insofern herrschten da sicher noch männliche Strukturen vor, allein, um sich behaupten zu können. Liselotte Funcke zum Beispiel war damals eine große Ausnahme, indem sie gezielt weiblichen Nachwuchs förderte.

Wird nicht sehr leicht der Mangel an vordergründiger Stärke als weibliche Schwäche ausgelegt?

Natürlich. Wenn ich in meinem Landesverband bemüht bin, jedem sein Töpfchen und Tiegelchen zu geben, das heißt, möglichst den verschiedenen Interessen Rechnung zu tragen, gebe ich natürlich einen Teil eigener Machtposition auf. Anders ausgedrückt, ich sehe die Befriedung meines Umfeldes für wichtiger an als meine eigene Machtposition. Natürlich nicht, weil ich ein edler Mensch bin, sondern weil ich glaube, daß der Apparat so besser funktioniert, auch für mich selbstverständlich. Aber Männer sehen das leicht als

Führungsschwäche an, weil sie ganz einfach dieses Prinzip nicht ernst nehmen und nicht beherrschen. Pauschal gesagt, natürlich, es gibt hier wie da solche und solche. Was mich aber wirklich unendlich traurig macht, ist, daß Frauen dem Gegenwind bisher so schlecht standhalten können. Allzu leicht bricht alles wie ein Kartenhaus zusammen, was mühsam aufgebaut war.

Sind Frauen empfindlicher gegen Kritik?

Nein, ich glaube nicht, daß das der Punkt ist, aber ich glaube, wir sind als Geschlecht noch nicht sehr strategiefähig, um Macht zu erreichen. Was auch heißt, daß viele die Macht auch nicht wirklich wollen. Sie jammern alle darüber, aber sie selbst wollen sie nicht haben. Und sie wollen sich auch nicht die Finger damit schmutzig machen. Aber man muß eben langfristig Strategien betreiben, sonst läuft gar nichts. Zum Beispiel muß man sich fragen: Wer ist mit im Rennen, was für Bündnispartner hat man – auch wenn sie einem gelegentlich nicht passen, die man aber aus langfristigen Gesichtspunkten braucht. Wenn Frauen das hören, dann sagen sie häufig, mit hochgezogenen Augenbrauen, »Igitt!«

Sind Frauen nicht konkurrenzfähig untereinander?

Die Carol Hagemann-White, eine Berliner Frauenforscherin, hat mal in diesem Zusammenhang gesagt: Wenn Männer einen Kollegen haben, der beruflich an ihnen vorbeizieht und Chef wird, akzeptieren sie diesen als Bündnispartner, so nach dem Motto, der muß mir jetzt helfen, das ist einer von meinen Leuten da oben. Für Frauen ist die frühere Kollegin, die nach oben vorbeigezogen ist, eher eine tendenzielle Verräterin.

Ich fürchte, ein sehr großer Teil von uns ist noch nicht aus dieser Phase raus. Aber man muß auch fair sein. Wenn Frauen aus ihrem gewohnten Betätigungsfeld raustreten in höhere Funktionen, betreten sie ja auch häufig absolutes Neuland, das heißt, sie haben keine weiblichen Vorbilder, an denen sie sich orientieren können, die sie fragen könnten. Alle Kriterien müssen sie sich selbst erarbeiten, weil sie gnadenloser beobachtet werden als Männer. Sie stehen dann schon sehr allein. Und sie haben ja ihre Kompetenz meist mit überragenden Kenntnissen ihrer bisherigen Tätigkeit anerkannt bekommen, so daß das Risiko sehr groß ist im neuen Job, weil sie nicht wissen, wie lange sie brauchen werden, um den gleichen Kompetenzgrad im neuen Betätigungsfeld zu erlangen. Das ist etwas, was Frauen sehr schreckt und davon abhält, die nächsthöhere Stufe anzustreben.

Das ginge ja Männern eigentlich genauso. Sind Frauen nicht so risikobereit?

Ich glaube in der Tat, daß der größere Teil von Frauen nicht so risikofreudig ist, das ist schon richtig. Und sie klammern sich an den Bereich, den sie gut kennen, wo sie unbestrittene Königinnen sind, da gehen sie dann durchaus Risiken ein. Aber wenn es darum geht, eine Stufe weiter zu gehen, kommt große Angst ins Spiel. Die Gründe dafür sind dann auch vielfältig. Beispielsweise haben die eigenen Männer es ja auch nicht so gern, wenn es heißt: »Sind sie nicht der Mann von ...«. Auch das muß man mit einkalkulieren. Frauen verlangen übrigens auch immer von anderen Frauen – nicht von Männern –, daß, werden sie Ministerin oder sowas, sie aus dem Fachgebiet kommen müssen. So ein Blödsinn! Sie haben sehr wenig Verständnis für das Funktionieren von Apparaten. Männer können Verteidigungs-,

Finanz-, Innenminister sein, kein Mensch fragt nach ihrer Qualifikation. Männer verlassen sich auf Strukturen, Frauen auf sich selbst. Das hat mich mal zu der etwas bitteren Äußerung gebracht, daß ich fürchte, wir sind als Geschlecht noch auf der Sachbearbeiterebene. Ich habe mich schon für verdammt viele Frauen in der Partei eingesetzt! Aber natürlich gehört auch eine gewisse Geschicklichkeit im Umgang mit Konflikten dazu, in Strategien, was Bündnispartner angeht. Na ja gut, von den Männern schaffen es ja auch längst nicht alle.

Also liegt es an den Frauen selber?

Ich frage mich manchmal, ob Frauen nicht etwas zögerlich sind im Einsatz von Strategien, wenn es um Macht geht.

Was macht denn Frauen an der Spitze aus? Ist es die Fähigkeit zu integrieren?

Ja, das glaube ich schon. Und im inhaltlichen Bereich denke ich, daß Frauen mehr auf ganzheitliche Zusammenhänge achten. Es ist ja zum Beispiel nicht untypisch, daß die Frauenbewegung auch ganz stark mit der Friedensbewegung und der Umweltbewegung einherging. Darin zeigt sich auch schon ein ganzheitlicher Politikansatz. Bis hin zu den Glaubensbedingungen. Noch heute kann man als Frau nicht einfach sagen, es gibt da etwas zwischen Himmel und Erde, was wir uns alle nicht so richtig erklären können, daß da eine Kraft in uns Menschen drin ist, die unsere europäische Kultur total verschüttet hat. Aber man weiß, es gibt da etwas. Aber sowas darf eine Frau nicht sagen, schon gar nicht vor Männern. Frauen haben da einen größeren Sensus, nur aussprechen dürfen sie das nicht. Frauen geraten in den Augen der Männer viel leichter an die Grenze der

Lächerlichkeit, in den Betrieben wie auch in der Politik. Man kann eine intelligente, erfolgreiche Frau sein, aber in dem Moment, wo man solcherart unerklärbare Dinge als unerklärbar ausspricht, läßt man sich am besten seine Garderobe geben.

Was macht weibliche Politik aus?

Ich glaube, Frauen denken ganzheitlicher, sie achten mehr darauf, was für eine Atmosphäre im Laden ist, ob das die Sache weiterbringt, insgesamt. Denken Sie nur an 1982, an die sogenannte »Wende«. In der FDP waren es sieben von acht Frauen, die nicht mitgemacht haben, die anders gestimmt haben. Wir waren höchst unterschiedlich, unterschiedlicher geht es kaum innerhalb des liberalen Spektrums. Und wir hatten auch unterschiedliche Gründe, aber insgesamt hatten wir ein gemeinsames Motiv: So geht es nicht, und es ist zum Schaden des Ladens, aus dem wir alle kommen und in dem wir arbeiten. Bei den Männern war das anders, die hatten jeweils schon ihre Seilschaften im Kopf. Der Parteitag hat uns dann recht gegeben, hat das Verfahren kritisiert, aber da war dann schon alles gelaufen.

Kommt jetzt eigentlich eine Generation von Frauen, die mutiger sind?

Ich habe schon den Eindruck, daß die jüngeren Frauen mit sehr viel mehr Selbstbewußtsein rangehen. Unsere Generation muß noch verdammt oft taktieren. Die treten heute auch mit ganz anderen Vorstellungen von Partnerschaft an. So nach dem Motto, ich will das hier jetzt machen, und wenn er das nicht akzeptiert, dann tut's mir leid. So argumentieren die heute. Natürlich sind in meiner Generation auch viele Partnerschaften durch die Karriere der Frau auf der Strecke geblieben, ich bin sicherlich ein Beispiel dafür. Aber nicht, weil ich mich behauptet habe, ganz und gar nicht. Zunächst habe ich ganz konservativ versucht, beides unter einen Hut zu kriegen. Die jungen Frauen heute treten ganz anders an.

Das heißt ja aber nicht, daß Frauen eine neue Qualität einbringen, denn diese Strukturen sind ja traditionell sehr männlich.

Na ja, zum Teil muß man auch noch so vorgehen, denn mit dem traditionell weiblichen Vorsichts- und Rücksichtsverhalten haben sie ja jahrtausendelang Frauen von Machtpositionen ferngehalten. Also müssen wir für eine bestimmte Zeit durch, daß Frauen härter auftreten, als es vielleicht gefällig erscheint.

Also Frauen doch nur aus numerischen Gründen an die Macht und nicht wegen einer neuen Qualität?

Also ich habe immer noch die Hoffnung – das mag vielleicht naiv sein –, daß jenseits der 30 Prozent, der »kritischen Masse«, Frauen und Männer gemeinsam eine andere Qualität entwickeln können. Es ist ja nicht so, daß die Männer nicht leiden in Machtpositionen. Das sind genauso Krüppel. Die einen sind Alkoholiker, die andern sind gar nicht mehr in der Lage, irgendeine Art von Kommunikation herzustellen, können nur noch Monologe halten und keine Dialoge mehr führen. Es ist doch eigentlich ganz schrecklich, was diese Gesellschaft mit Frauen und Männern anrichtet. Und da setzt eben meine naive Hoffnung ein, daß nach zwei, drei Generationen der Opferung auf dem Altar des Machterwerbs die Strukturen verbessert werden.

Es fällt auf, daß Sie auf die Frage nach weiblicher Politik nur im Sinne von Machtstrukturen antworten.

Das ist schon richtig so, denn Möglichkeiten zum Gestalten hat man nur durch Macht. Ich habe mit dem Begriff »Macht« auch keine Probleme, weil ich mir sage, solange das eine demokratisch gewählte Macht ist, die abwählbar ist und anderweitig kontrolliert werden kann, ist es die einzige Form, wie man Konflikte innerhalb der Gesellschaft regeln kann. Übrigens: Schon die Frage zeigt die Distanz von Frauen zu dem Begriff der Macht. Für mich ist das ein völlig wertfreies Wort – es liegt daran, was man draus macht. Aber man muß sie schon wollen.

Das zeigt doch, wie verlogen die Politiker sind, die sagen, sie wollen Politik machen, aber es gehe ihnen nicht um die Macht.

Das ist Unsinn. Wer Politik machen will, will gestalten. Und dazu bedarf es der Macht, ganz einfach. Sonst hält man es auch nicht durch und kriegt entsprechend eins auf die Mütze.

Nun sieht das ja bei den Politikerinnen in den neuen Ländern ein wenig anders aus mit der Macht, oder?

Ich glaube, das ist die Generation, die da im Hintergrund gewirkt hat, damit das alte System abgeschafft wird. Und man muß bedenken, unter was für einem enormen persönlichen Risiko das geschah, das hatte keine von uns hier. Und nun stehen sie plötzlich da und müssen – ohne jede Erfahrung – einen politischen Verwaltungsjob übernehmen. Das ist etwas völlig anderes als das, wofür sie gestanden haben. Die hatten gar nicht die Zeit, sich vorher zu überlegen, was sie eigentlich wie tun wollten. Es ist wirklich ein Unterschied, ob man eine glänzende, charismatische Führungspersönlichkeit in der Zeit des Umbruchs ist, die die Straßen, die Veranstaltungen füllt, die den Menschen Mut macht, oder ob man hinterher Minister ist und für den Haushalt purxel-murxel zuständig ist. Das ist ein Riesenproblem für die ganze politische Generation dort.

Wie sehen Sie die Unterscheidung Kopf–Bauch = männlich–weiblich?

Ich glaube, es ist ein typisch männliches Psychogramm, daß bei ihnen das Umschalten von Bauch auf Kopf und zurück ein bewußter Vorgang ist. Frauen denken darüber überhaupt nicht nach, bei uns ist das ein austariertes System. Das bringt Frauen dann gelegentlich in den Ruf, sozusagen zu viel Bauch zu sein, dabei muß das nicht sein, Frauen ahnen einfach besser, was an Stimmungen kommt.

Ändert sich da was im männlichen Verhalten?

Ich denke, die Männer können gar nicht mehr anders. Es geht ihnen zwar entsetzlich auf den Keks, aber wenn in bestimmten Organisationen, wie zum Beispiel in den Gewerkschaften oder in der Synode der evangelischen Kirche der Frauenanteil über 40 Prozent liegt, und wenn immer wiederkehrende Themen in immer wiederkehrender Sichtweise angesprochen werden – dann können sie sich nicht mehr entziehen. Es müssen mehr Frauen in Positionen, es müssen inhaltliche Veränderungen gebracht werden.

Also: Gibt es eine weibliche Politik?

Ja, aber nicht nur bei Frauen, sondern auch bei Männern in ihrer Denke. Widerstrebend, mit knirschenden Zähnen. Aber sie sehen es als Machtfaktor, weil sie wissen, die Frauen stellen 40 Prozent und darüber. Sie müssen sich damit auseinandersetzen – und das bewirkt etwas. Bei den Jüngeren funktioniert das Ganze wunderbar über den Faktor Macht.
Noch einmal zurück zu Kopf und Bauch. Bei Männern ist der Sprung eher bruchartig. Da lassen sie mal die Emotion durch, kurz, nachdem sie stundenlang völlig verkopft ein Thema behandelt haben. Und wenn plötzlich das wahre Motiv durchblitzt, lassen sie auch mal den Bauch reden. Das wirkt häufig nicht wie eine ausgereifte Persönlichkeit. Bei Frauen ist das einfach austarierter, von selbst da.

Ist nicht allein die Unterscheidung schon eine weibliche Denke?

Ja natürlich. Männer haben das einfach nicht gelernt, sie sind in diesem Punkt döfer als wir. Für mich ist es ein faszinierendes Phänomen, daß Männer zum Beispiel überhaupt kein Gefühl für ihren Körper haben, also wann eine Sache physisch gefährlich wird, wann man sich erkälten kann. Das Frühwarnsystem funktioniert weder seelisch noch körperlich. Und dann stehen sie hinterher entsetzt vor ihrem Scherbenhaufen. Ideal wäre schon eine Mischung zwischen beiden Ansätzen, wobei es immer männliche und weibliche Sichtweisen geben wird. Die Zeit des Androgynen ist ja auch in der Pop-Musik nur ein kurzes Aufflakkern gewesen und – führt man es bis zu Ende – keineswegs erstrebenswert.

Ist also die positive Antwort auf die Frage nach weiblicher Politik mit einem negativen Akzent versehen?

In der Bewertung von draußen ja. De facto glaube ich, daß der politische Ansatz, den Frauen einbringen, der weiterbringende ist. Überspitzt gesagt: Wenn dieser Globus noch eine Chance haben will, muß sich das weibliche Prinzip durchsetzen, also der ganzheitliche Ansatz. Das ist meine feste Überzeugung. Männer denken eher in Produktionszahlen, in Karriere-Seilschaften, sie denken kleinteiliger, in überschaubaren Etappen. Und sie sind viel mehr in Hierarchien gefangen. Das wird uns nicht weiterbringen. Wenn wir à la longe nicht das Ganze sehen, haben wir keine Zukunft. Und diese Sicht kann nur eine weibliche sein.

Charlotte Fera

Alterspräsidentin der Hamburger Bürgerschaft
CDU

- *Geboren am 24. Oktober 1905 in Bremen.*
- *1956 Erste Vorsitzende der Aktion Gesunde Jugend e.V. Aktionsgemeinschaft für die Wohlfahrt der Jugend in Hamburg.*
- *1958 bis 1982 Mitglied des Vorstandes der evangelisch-lutherischen Matthäus-Kirche zu Winterhude in Hamburg.*
- *1966 bis 1971 Mitglied der Synode der Landeskirche Hamburg.*
- *Ca. 1955 Mitbegründerin der Arbeitsgemeinschaft der Hamburger Frauenverbände, heute Landesfrauenrat.*
- *1973 Stellvertretende Vorsitzende des Verbandes für Hamburger Fraueninteressen e.V.*
- *1962 bis 1984 Zweite Vorsitzende des Deutsch-Instituts für Ausländer e.V.*
- *Seit 1957 Mitglied der CDU-Fraktion der Hamburger Bürgerschaft und Mitglied des Fraktionsvorstandes.*
- *Seit 1970 Mitglied des Vorstandes der Hamburger Bürgerschaft.*
- *1967 bis 1973 Präsidentin der Europäischen Frauen-Union.*
- *Seit 1974 Alterspräsidentin der Hamburger Bürgerschaft.*
- *1975 Präsidentin der politischen Kommission der EFU.*
- *1973 Vizepräsidentin der Frauengruppe der Europäischen Christdemokratischen Parteien.*
- *1979 Vizepräsidentin der Frauengruppe der Europäischen Volkspartei.*

- *1983 Generalsekretärin der Weltunion Christdemokratischer Frauen.*
- *1988 Vorsitzende der Senioren-Union CDU Landesverband Hamburg.*
- *1990 Stellvertretende Bundesvorsitzende der Senioren-Union CDU.*
- *Seit 1984 verwitwet, vier Kinder, sieben Enkelkinder.*

»... wo eine Frau hinkommt,
muß ein Mann weichen.«

Natürlich gibt es eine weibliche Politik! Das ist eigentlich selbstverständlich, denn schon aus der andersartigen Mentalität der Frau heraus hat sie auch eine andere Einstellung, eine andere Zuführung zur Politik, mit anderen Vorstellungen. Das ist ganz normal, und das finde ich richtig. Es gibt eben zwei Geschlechter, die zusammen eine Partnerschaft haben. Was ich dabei schlechtfinde, ist, daß manche Frauen glauben, sie müßten plötzlich Männer werden, um in der Politik mitmachen zu können. Und das ist falsch.

Was zeichnet denn weibliche Politik aus?

Meine Erfahrung sagt mir, daß die Frauen beständiger und zuverlässiger sind. Und daß sie eher von der mehr praktischen Seite an die Fragen herangehen und nicht so intellektuell. Das ist der Unterschied. Normalerweise haben die Frauen ja schon von der Anlage zur Mutter her zum Leben eine andere Einstellung. Ich finde sehr gut, daß sie von dieser Seite ihren Beitrag zu unserer Politik leisten und leisten sollten und müßten, um das volle Leben zu repräsentieren. Auch in der Politik, denn was ist Politik? Nichts weiter als die Aufgabe, unser tägliches Leben zu ordnen.

Haben Frauen zu wenig Intellekt?

Unsinn, an Intellekt mangelt es nicht, aber ich glaube, die sehr intellektuellen Menschen sind für die Politik nicht so geeignet. Sie stellen zu viele Dinge in Frage, sehr häufig stellen sie alles in Frage. Ich kann aber keine Politik machen, wenn ich zu viele Fragen stelle, ich muß eine Vorstellung

haben von der Ordnung des Lebens der Menschen, muß Entscheidungen treffen. Ich glaube, darin liegt ein großes Problem, daß wir uns nämlich nicht mehr auf eine Ordnung einigen können.
Das habe ich im Laufe meines Lebens und vor allem aufgrund meiner Erfahrungen mit anderen Kulturen gelernt: Alle müssen sich eine Ordnung geben, die sie akzeptieren, gemeinsam. Diese Ordnung herzustellen, ist ein Stück Lebensphilosophie, die wir mehr pflegen müßten. Und da könnten gerade die Frauen ihren besonderen Beitrag leisten.

Haben Männer in der Politik weniger Ahnung vom realen Leben?

Natürlich, Frauen gehen pragmatischer an die Dinge heran, weil sie zwangsläufig mit der Realität konfrontiert werden. Und es gibt noch einen Unterschied: Der Mann sieht die Politik sehr stark auch als Möglichkeit zur eigenen Karriere an. Während die Frauen eher die Aufgabe sehen, die sich ihnen stellt. Deswegen sind sie übrigens auch nicht so abhängig von ihrer Arbeit wie die Männer.

Glauben Sie, daß Frauen einen anderen Führungsstil haben?

Eigentlich sollte man das annehmen, und ich glaube es auch. Aber es wird den Frauen schwergemacht, weil es ja noch viele Männer gibt, die beispielsweise sagen: »Was? Meine Vorgesetzte eine Frau? Das mache ich nicht mit.« Das zwingt dann manchmal die Frauen zu einem Führungsstil, den sie vielleicht gar nicht gewollt haben.
Natürlich ist es für Frauen schwieriger, sich durchzusetzen, anerkannt zu werden. Um das zu erreichen, müssen sie bestimmte Wege gehen, auch wenn sie es gar nicht wollen.

Aber ich finde, Frauen sollten immer auch Frauen bleiben, so wie sie veranlagt sind, und nicht glauben, alles wie die Männer machen zu müssen.
Im übrigen gehen Frauen meiner Ansicht nach die geraden, schlichten Wege, sie machen keine Umwege, sind nicht so hierarchie-orientiert. Frauen tun das, was vernünftig ist, was sie im täglichen Leben auch machen.
Eines möchte ich an dieser Stelle doch mal sagen: Frauen sind genauso begabt wie die männlichen Mitstreiter, sie haben mindestens so viele Fähigkeiten. Es ist ja schon falsch – und hat eben diese fatalen Folgen der Ungleichbehandlung –, daß gesagt wird, Mathematik ist etwas für die Jungens. Mathematik war mein Schönstes! Alles läßt sich erklären, ist logisch. Nur, die Liebe zur Mathematik ist vielleicht eine gewisse Veranlagung.

Haben Männer Angst vor Frauen in der Politik?

Ja, ganz sicherlich! In meinen Kollegenkreisen wird schon manchmal gesagt: »Jetzt gründen wir 'ne Männerpartei.« Also insgeheim gibt es da eine gewisse Sorge, denn wo eine Frau hinkommt, muß ein Mann weichen. Das ist nun eine Konkurrenz geworden, die sich früher nur auf die männlichen Kollegen erstreckte. Und es kommt folgendes hinzu, nämlich das Proporzdenken: 50 Prozent Frauen, 50 Prozent Männer. Das ist natürlich Unsinn, ich bin dagegen. Das ist auch gegen die Frau gerichtet. Frauen nur auf die Listen zu setzen, ist keine Lösung, sie müssen die Position auch ausfüllen können, und das ist nicht immer der Fall. Die Seele der Frau ist nun mal anders.

Müssen Frauen besser sein?

Leider müssen sie besser sein. Es sei denn, es handelt sich um die reine Proporz-Frau, das gibt es ja auch. Aber die hat es nicht lange gut, denn sie muß sich bewähren – und da hat sie es dann auch wieder schwerer als Männer, denn sie darf weniger Fehler machen.
Ich bin für Partnerschaft, für Frauen und Männer in der Politik, aber man muß es den Frauen überlassen, ob sie wollen. Sie sollen selber entscheiden, aber die Möglichkeiten müssen sie haben. Sie müssen eben nur wissen, daß sie gegebenenfalls vieles miteinander verbinden müssen, wenn sie eine Familie, wenn sie Kinder wollen. Und da muß man ihnen helfen. Ich bin dafür, daß alle Kinder ab dem dritten Lebensjahr in Kindergärten kommen, das ist gut für ihre soziale Ausbildung. Vor allem für Einzelkinder. Hinzu kommt aber ein gesellschaftlich relevanter Aspekt: Unsere moderne Gesellschaft, die sehr schwierig, kompliziert, anonym ist, und die sich so rasant wandelt, wird nicht bestehen können, wenn die Frauen nicht auch ihren Beitrag leisten. Diese Gesellschaft kann nur dann ihre Probleme bewältigen – vor allem auch auf den menschlichen und sozialen Gebieten, wenn die Frauen daran mitarbeiten. Die Zukunft wird weiblich sein, das hängt aber natürlich auch von den Frauen ab, und sie dürfen das nicht als »Männer« lösen. Die Frauen haben die Aufgabe, die Gesellschaft menschlicher zu gestalten.

Sie sagten scherzhaft, in ihrer Partei werde darüber geredet, ob man nicht mal Männerbünde schließen solle. Frage: Meinen Sie nicht, daß auch Männer sich zum Teil aus der gesellschaftlichen Verantwortung stehlen möchten?

Das möchte ich ganz sicher glauben, obwohl sie das bestimmt nicht zugeben würden. Warum? Weil es nicht männlich ist.
Aber es ist in der Politik ja wirklich so – wer sie ernst nimmt, muß sehr schwer arbeiten. Man muß Freundschaften aufgeben, weil die Zeit fehlt, bei mir ist nur noch die Familie da. Ich persönlich bedauere das außerordentlich, ich würde abends auch gern mal plauschen gehen, Bridge spielen oder irgend etwas Nettes tun, keine Verpflichtung haben. Das kann man alles nicht mehr, wenn man die politische Aufgabe ernst nimmt.

Haben Männer es da leichter?

Natürlich, schon aus naheliegenden Gründen. Sie können spontaner etwas unternehmen, denn ich sehe es noch heute so, daß ich mich als Frau nicht allein irgendwo ins Lokal setzen kann, weil man das nicht tut. Die Männer können sich immer noch viel mehr Freiheiten herausnehmen, aus welchen Gründen auch immer.
Nimmt man nur mal die Sicherheit abends auf den Straßen, ich fahre nicht mehr gern S-Bahn. Wir haben als Frauen einfach Nachteile.

Haben es Frauen schwerer, Kandidatin einer Partei zu werden?

Natürlich haben sie es schwerer, sich durchzusetzen. Und wenn nicht heute der laute Schrei da wäre, daß wir mehr Frauen brauchen, dann würde sich gar nichts tun. Im Grunde setzen wir den Kampf der Suffragetten mit anderen Mitteln fort. Wir erwerben unsere Position nur durch Leistung, durch nichts anderes. Dann müssen wir unseren gesetzten Standard halten, denn wir werden mehr beobachtet Frauen sind ja Konkurrenz, also werden sie kritisiert. Allerdings auch leider weniger loyal und weniger fair, als man kritisch mit Männern umgeht.

Liegt das an der anerzogenen sogenannten männlichen Überlegenheit?

Ach was, die gibt es heute ja gar nicht mehr. Einige meinen noch immer, daß sie sie haben. Ich persönlich hatte nie das Gefühl, daß ich Männern nicht gewachsen bin, nur auf eine andere Weise. Und ich will, daß die Frauen dieses Gefühl bekommen. Mehr Selbstbewußtsein, Unabhängigkeit.

Was kann man denn tun, damit mehr Frauen in die Politik gehen?

Da ist einmal der praktische Aspekt, wobei ich zuerst auf Partnerschaft setze. Warum soll nicht der Mann abends mal auf die Kinder aufpassen? Das liegt doch nur an der Erziehung unserer eigenen Töchter und Söhne. Ich denke, das wird besser werden. Dann bräuchten wir mehr Kindergärten. Und, was ganz wichtig ist, auch die Wirtschaft muß mehr Teilzeitarbeit anbieten – Job-sharing. Wir haben das Flexi-Job genannt, eine große Chance für die Frauen. Durch die Technik und ihre Entwicklung gibt es heute viel mehr Möglichkeiten für Frauen, im Beruf zu sein. Also, wir müssen die Grundlagen schaffen, damit Frauen ihre Mehrfachbelastung unter einen Hut kriegen.

Sind Frauen risikobereiter?

Entschieden ja! Sie haben vielleicht weniger zu verlieren, aber ich glaube, Frauen sind auch gelegentlich kampfeslustiger, wenn sie einen Sinn darin sehen, diesen Kampf aufzunehmen. Nicht aggressiv gegen, sondern für etwas. Und ich muß Niederlagen einstecken können, in der Politik und auch im Leben. Ich muß diese Niederlage überwinden können, muß bereit sein, weiter für eine Idee einzustehen. Frauen sind dazu eher fähig und bereit.

Frauen haben auch einen anderen Stil des Umgangs miteinander, auch und gerade im Parlament. Es sei denn, sie kopieren männliches Verhalten. Weibliches Verhalten bedeutet natürlich nicht, knallrote Fingernägel zu haben, hat also nichts mit Äußerlichkeiten zu tun. Wenngleich Männer das gern verwechseln und sich an der Kommentierung eben dieser Äußerlichkeiten festhalten. Was sie übrigens auch von Frauen unterscheidet.

Weibliche Politik bedeutet für mich, daß Frauen als Frauen ihren Weg gehen, daß sie keine Konkurrenz zu Männern in der Kopie des männlichen Verhaltens aufbauen. Sie sollten ihren Trumpf nicht ausreizen. Wenn sie klug sind, sind sie ganz von selber da, als Frauen. Es gibt Gesetzmäßigkeiten, Ordnungen, die muß man einhalten, sonst gibt es Trouble. Deshalb versuche ich persönlich mit meiner Politik auch, Ordnungen zu stützen und den Menschen die Möglichkeit zu geben, etwas glücklich zu sein. Ich weiß, ein ganz und gar unpopulärer Begriff. Was ich nämlich nicht begreife, ist, daß die Politik noch nie auf den Gedanken gekommen ist, etwas für das Glück der Menschen zu tun, für die ja angeblich alle Politiker arbeiten. Alle möglichen Ausreden werden gesucht – die Menschen sollen viel Geld haben, Sicherheit haben, nur vom Glück redet niemand. Die Werte sind weg. Und darin liegt die Aufgabe der Frau – der Frau in der Familie, der Frau in der Politik.

Liselotte Funcke

Ehemalige Bundestagsabgeordnete, Ministerin und Ausländerbeauftragte der Bundesregierung
FDP

- *Geboren 1918 als Tochter einer Kaufmannsfamilie.*
- *1937 Abitur in Hagen; Arbeitsdienst.*
- *1938 bis 1941 Kaufmännische Ausbildung in Dortmund; Studium der Betriebswirtschaft in Berlin mit Diplom-Abschluß.*
- *1942 bis 1944 Prüfungsassistentin bei einem Wirtschaftsprüfer in Wuppertal.*
- *1944 bis 1969 Abteilungsleiterin und Prokuristin in der Firma Funcke und Hueck in Hagen.*
- *Seit 1946 Mitglied der FDP und der Deutschen Jungdemokraten.*
- *Seit 1947 Mitglied des Landesvorstandes der FDP in Nordrhein-Westfalen.*
- *1947 bis 1951 Mitglied des Landesvorstandes der Deutschen Jungdemokraten.*
- *1950 bis 1961 Mitglied des Landtages Nordrhein-Westfalen.*
- *1961 bis 1979 Mitglied des Deutschen Bundestages.*
- *1964 bis 1986 Mitglied des Bundesvorstands der FDP.*
- *1963 bis 1983 Mitglied des Präsidiums der FDP.*
- *1967 bis 1978 Vorsitzende des Bezirksverbandes Westfalen-West der FDP.*
- *1969 bis 1979 Vizepräsidentin des Deutschen Bundestages.*
- *1977 bis 1982 Stellvertretende Bundesvorsitzende der FDP.*

- *1979/1980 Ministerin für Wirtschaft, Mittelstand und Verkehr des Landes Nordrhein-Westfalen.*
- *1981 bis 1991 Beauftragte der Bundesregierung für die Integration der ausländischen Arbeitnehmer und ihrer Familienangehörigen.*

»Frauen haben nicht so sehr den ›Siegeswunsch‹ im Auge.«

Eine spezielle weibliche Politik gibt es, glaube ich, nicht. Es gibt verschiedene Ausprägungen in der Einstellung zur Politik, aber eine spezielle Frauenpolitik sehe ich nicht.

Glauben Sie nicht, daß Frauen anders reagieren als Männer?

Das ja. Es gibt, wie gesagt, unterschiedliche Einstellungen, aber die dürften nicht generell nur für Frauen gelten, sie dürften im Einzelfall mal in Gruppen der Frauen auftreten. Ich meine, den Komplex Politik gibt es abgrenzbar von Frauen für Frauen nicht.

Glauben Sie, daß Frauen anders mit Macht umgehen?

Ja, das glaube ich schon. Männer wollen einfach überlegen sein, sie wollen andere besiegen, sie wollen der Erste sein, und so suchen sie mitunter Streit, wo es gar keinen gibt, nur, um sich zu beweisen. Das tun Frauen wohl weniger – wenn überhaupt. Sie müssen sich nicht jederzeit als die Stärkeren erweisen.

Denken Männer auch hierarchischer als Frauen?

Das ist sicher so. Gerade weil sie immer herrschen wollen, müssen sie jemanden unter sich haben. Das wird mir im Moment besonders deutlich bei den Ausschreitungen gegen die Ausländer. Da wird jemand gesucht, der weiter unten steht, oder man kämpft so, daß man drüber steht. Das sehe ich bei Frauen nicht so. Ich meine, sie wollen auch weiterkommen, so ist das nicht. Sie haben auch Ehrgeiz. Aber nicht, um jemanden zu beherrschen, sondern um Aufgaben zu erfüllen oder auch durchaus deshalb, um eine eigene Position zu haben. Aber nicht unbedingt, um über jemanden herrschen zu können.

Könnte man sagen, Frauen wollen in Positionen mehr verändern? Sind sie inhaltsorientierter?

Ja, und von daher sind sie einfach unmittelbarer an dem Problem dran. Männer philosophieren gern drumherum und sind dann unter Umständen so vertieft in ihre Philosophie, daß sie nicht mehr an die Lösung denken. Sie sind so verliebt in sie, daß es sie reizt, sich als klug zu erweisen. Ich habe das immer wieder erlebt, daß Frauen einfach konkreter, lösungsnäher, spontaner und unmittelbarer sind.

Um zurückzukommen auf das Thema Ausländer: Ausländerfeindlichkeit, Ausländerhaß. Ist so etwas mehr bei Männern zu finden?

Ja, ganz eindeutig. Und das hängt auch wieder damit zusammen, daß sie jemanden brauchen, der unter ihnen steht, und das wollen sie dann auch wissen. Frauen stehen wahrscheinlich dem Leben als Wert viel näher, sie schenken ja Leben. Frauen wollen weniger quälen und Leben vernichten. Ich erlebe es immer wieder, daß Frauen betreuen wollen, sich kümmern wollen, engagiert sind. Es sind sehr viel mehr Frauen als Männer, die das Leben direkter und ernster nehmen.

Schlei als Entwicklungsministerin. Wie sind sie über die hergefallen! In solchen Fällen fallen die Männer pauschal drüber her, da gibt es so eine Solidarität, die sich austobt.

Zwischen den Männern?

Nein, gegen die Frauen.

Gibt es Netzwerke zwischen den Frauen, im Gegensatz zu den berüchtigten Seilschaften der Männer?

Seilschaften bei Männern gibt es sicher. Die Unterstützung der Frauen durch Frauen ist jedoch nicht überall gegeben. Wenn es wenige Frauen sind, und eine weitere will auch kandidieren, dann ist nicht sicher, daß die anderen sie unterstützen. Nicht aus Rivalität, sondern weil auch Frauen meinen, sie könnten das wohl nicht so gut. Da gibt es immer noch Schwierigkeiten. Nicht generell natürlich. Es kann auch heute schon etwas besser sein, weil Frauen verstärkt Gemeinschaften gründen.
Frauen haben natürlich auch weniger Lobby, aus einem ganz einfachen Grund. Wenn ein Handwerkspräsident kandidiert, hat er natürlich die Handwerker hinter sich oder kann zumindest drauf verweisen. Oder Rotarier, oder Lions. Ein Mann kann dann darauf verweisen, daß er eine ganze Menge Wähler hinter sich hat, die er mitbringt. Wenn eine Hausfrau kandidiert, hat sie nicht auf Anhieb die ganzen Hausfrauen als Mitbringsel. Jedenfalls wird es ihr nicht so selbstverständlich abgenommen.

Sie waren Ausländerbeauftragte der Bundesregierung, sind zurückgetreten, und Ihre Nachfolge ist wieder eine Frau. Selbstverständlich?

Daß es wieder eine Frau ist, hängt offensichtlich damit zusammen, daß man in diesem Amt Frauen für besser geeignet hält. Auch in den Bundesländern gibt es nur einen einzigen Mann – in Hamburg – als Landesbeauftragten. Frauen sind auch wirklich geeigneter dafür, sie müssen allerdings politische Erfahrungen haben, denn die Möglichkeiten, die ich zum Beispiel noch hatte, hatte ich aufgrund meiner Kontakte, die ich zu den Fraktionen, zu einzelnen Ministern hatte. Weil ich Leute kannte, auch auf Länderebene, und daher leichter einen Gesprächstermin bekam, wenn ich anrief. Es muß jemand sein, der abschätzen kann, was geht und was nicht geht. Frauen bringen da mehr Einfühlungsvermögen mit, kalkulieren die Reaktion des Gegenüber besser ein. Frauen haben nicht so sehr den »Siegeswunsch« im Auge, sondern gehen mehr auf die differenzierten Tatbestände ein. Sie haben nicht nur die Fakten, sondern auch die Empfindungen des Gegenüber im Auge. Jedenfalls habe ich diese Erfahrung gemacht.

Empfinden Sie Macht als etwas Negatives?

Nein. Macht muß man schon haben, denn zur Kompetenz muß schon auch die Möglichkeit gehören, etwas durchsetzen zu können. Das ist notwendig. Es ist vielleicht nur die Frage, wozu man die Macht hat: Nur, um etwas durchzusetzen, was man als richtig erkannt hat, oder Macht, um der Macht willen, um Überlegenheit zu demonstrieren und sich um jeden Preis durchzusetzen.

Damit schließt sich der Kreis.
Ist das Umgehen miteinander anders als bei Männern?

Ja. Das mag damit zusammenhängen, daß man eben nicht so selbstverständlich Chefin ist, sondern daß der Tatbestand noch relativ neu ist, in den man sich eher kollegial hineinfindet. Es gibt natürlich auch Frauen, die wie ein General auftreten, aber das sind wenige.
Ich war vor zwölf Jahren Ministerin für Wirtschaft und Verkehr in Nordrhein-Westfalen. Da kam ich in ein Haus mit 600 bis 800 Menschen. Mein Vorgänger war ein eher zurückgezogener Chef, der sich in seiner sechzehnten Etage eingeigelt hatte. Auch vor diesem Hintergrund – aber eben nicht nur deshalb – war man äußerst erstaunt über mein Verhalten, als ich direkt zum Hörer griff und den zuständigen Regierungsrat im Haus anrief, weil mir das ganz einfach der kürzeste Weg schien, meine Frage zu beantworten. Der Arme selbst kriegte seinen Mund nicht wieder zu. Er sagte, so etwas sei ihm nie vorgekommen, daß der Herr Minister selbst ihn anruft und nicht die Leiter runter über Staatssekretär, Hauptabteilungsleiter, Abteilungsleiter, Referatsleiter und und und. Sondern daß ich ihn direkt anrief, weil ich es für praktisch hielt. Beim Abschied sagte dann auch der Betriebsrat, ein Hauch von Menschlichkeit sei durch das Haus geweht. Es war eben nicht so streng funktional, sondern ich habe mich bemüht, die Dinge anders zu handhaben.

Wenn man all das hört, drängt sich doch der Schluß auf, daß Männer Politik an der Realität der Menschen vorbei machen.

Ja, das stimmt. In zunehmendem Maße merke ich, daß es bei der Politik eine gewisse Insider-Sicht gibt. Ich hatte vor zwei Jahren vorgeschlagen, man möge eine Kommission berufen mit Politikern, Ausländern, Vertretern des öffentlichen und gesellschaftlichen Lebens, Kirchen, Sozialpartnern, Verbänden, Wissenschaft, um ein Konzept zur Integrations- und Migrationspolitik zu erarbeiten. Das wurde abgelehnt. Die Politiker meinen, sie wissen von sich aus alles und brauchen keinen Sachverstand von außen.

Ist das typisch männlich?

Nein, typisch Politiker. Männlich ist es, daß Politiker immer meinen, alles wissen zu sollen. Wenn sie zum Beispiel in ihrem Wahlkreis sind, tun sie so, als ob sie vom Schlachtvieh bis zur Umgehungsstraße und zur Europapolitik alles beantworten können. Sie müssen sich den Anschein geben, über alles Bescheid zu wissen. Es ist selten, daß ein Mann sagt, »das tut mir leid, da bin ich nun wirklich überfragt«. Das empfinden die Männer als Schwachstelle. Frauen haben dieses Problem mit ihrem Ego weniger.

Glauben Sie, daß Frauen risikobereiter sind?

Nein, Frauen sichern mehr ab. Jedenfalls ist das mein Eindruck. Es gibt natürlich couragierte Frauen, aber generell denke ich, daß Frauen das ganz große Risiko nicht gern eingehen. Frauen sind, glaube ich, gewissenhafter in der Beziehung, daß sie dazu stehen, was sie gestern gesagt haben. Das wurde für mich deutlich bei der Wende 1982.

Die Frauen der FDP-Fraktion haben gegen eine Wende ohne Neuwahl protestiert. Sie sind ihren eigenen Aussagen gegenüber treuer, und vielleicht beziehen sie auch eher das Empfinden der Menschen mit ein, die sich durch eine solche »Wende« dupiert oder getäuscht fühlen könnten. Männer denken nicht so, was sicher auch mit ihrem Herrschaftsbewußtsein zusammenhängt. Man kann das eben alles machen. Frauen denken eher darüber nach, ob man alles machen kann – und darf.

Michaela Geiger

Parlamentarische Staatssekretärin
CSU

- *Geboren am 29. September 1943 in Oberammergau (Oberbayern).*
- *1963 bis 1965 Abitur, danach Ausbildung zur Fernsehbildtechnikerin.*
- *1965 bis 1967 Fernsehbildtechnikerin beim Bayerischen Fernsehen in München.*
- *Seit 1971 Mitglied der CSU.*
- *1974 bis 1981 Kreisvorsitzende der Frauen-Union Garmisch-Partenkirchen.*
- *Seit 1977 Stellvertretende Bezirksvorsitzende der CSU Oberbayern.*
- *1978 bis 1981 Marktgemeinderätin in Garmisch-Partenkirchen.*
- *Seit 1980 Mitglied des Deutschen Bundestages.*
- *1987 bis 1991 Vorsitzende der Arbeitsgruppe Außenpolitik und außenpolitische Sprecherin der CDU/CSU-Fraktion.*
- *Seit Januar 1991 Parlamentarische Staatssekretärin beim Bundesminister für wirtschaftliche Zusammenarbeit.*
- *Mutter eines Sohnes.*

»Wir haben einen anderen Arbeitsstil.«

Ich habe lange drüber nachgedacht, ob es eine weibliche Politik gibt – und ich bin nicht ganz sicher. Ich glaube, es gibt sicherlich Frauen in der Politik, die der Politik auch ihren Stempel aufdrücken, die Konturen vielleicht auch etwas weicher machen. Aber wenn ich mir ansehe, was zum Beispiel weibliche Chefs in der Politik – ob das nun Mrs. Thatcher ist oder wer auch immer – tun, dann muß ich sagen, das sieht relativ männlich und somit relativ ähnlich aus. In den unteren Rängen, in den Stadt- und Gemeinderäten, kommt das Weibliche sicher stärker durch, wenn man damit meint, daß sich die Frauen besonders um soziale Dinge kümmern. Da landen sie dann meistens in den einschlägigen Ausschüssen – was übrigens im Bundestag ähnlich ist. Im Sozial- und Familienausschuß sind nach wie vor überproportional viele Frauen. In den Bereichen, in denen ich mich immer betätigt habe (bewußt nicht in sogenannten Frauenfeldern), waren wir sehr wenige, wir haben vielleicht den Arbeitsstil etwas verändert, aber ob wir die Politik sehr stark verändert haben, wage ich zu bezweifeln.

Glauben Sie, daß Frauen nur mit männlichem Verhalten in die Positionen kommen?

Das ist sicher nur die halbe Wahrheit. Es gibt einfach zu viele Sachentscheidungen, die wenig »frauenspezifisch« sind. Nehmen Sie nur die Außenpolitik. Ich bin jahrelang außenpolitische Sprecherin unserer Fraktion gewesen, da gibt es nicht weibliche oder männliche Entscheidungen, sondern eben Sachentscheidungen, und die fallen – wenn überhaupt nach anderen Kriterien – eher noch nach parteipolitischen. Als ganz junge Abgeordnete hat mich immer schockiert, daß manchmal eher die Parteizugehörigkeit für eine Entscheidung den Ausschlag gibt als die Sachfrage, auch bei den Frauen. Es gibt wenige Ausnahmen, bei denen sich Frauen über die Parteigrenzen hinweg einig sind. Zur Zeit haben wir zum Beispiel einen mit allen Parteien besetzten Frauenarbeitskreis in unserem Haus, in dem es um die Probleme der Frauen in den Entwicklungsländern, unter anderem um Prostitution in Südostasien geht. Da gibt es keine Parteischranken.

Das hat ja auch nicht direkt mit unserem Lebensumfeld zu tun.

Ja, möglicherweise mag es damit zusammenhängen.

Glauben Sie, daß Frauen anders mit ihren »Apparaten«, mit ihren Mitarbeitern umgehen?

Das bestimmt, ganz sicher. Wir haben einen anderen Arbeitsstil, einen partnerschaftlicheren. Ich beziehe meine Mitarbeiter in Urteilsfindungen mit ein, es wird diskutiert, jeder kann auch sagen, dies und jenes fände er nicht gut. Ich fälle dann zwar die Entscheidung nach meinem Urteil, aber ich lasse mich durchaus beeinflussen.

Viele halten das für weibliche Schwäche.

Den Eindruck kann ich nicht nachvollziehen, denn die endgültige Entscheidung treffe ich allein, und ich bin eigentlich nicht dafür bekannt, zu weich zu sein. Wenn ich mal finde, das ist der richtige Weg, dann gehe ich ziemlich stur durch. Ich brauche aber eine bestimmte Zeit, bis ich mir mein Urteil gebildet habe. Frauen sind offener, hören sich geduldiger andere Meinungen an und bilden sich dann ihr Urteil. Das ist für mich eine weibliche Stärke, keine Schwäche.

In den meisten Büros, in denen Frauen Chefs sind, gibt es einen anderen Arbeitsstil. Frauen gehen auch anders an die Politik heran. Das bedeutet aber nicht unbedingt ein anderes Ergebnis.

Ich habe auch bei mir selbst festgestellt, daß mir die Theorie und schon gar die Ideologie relativ unwichtig sind. Ich sehe mir den Fall an, versetze mich möglichst in die Lage der- oder desjenigen, der oder dem ich helfen will, und versuche dies in praktische Politik umzusetzen. Frauen schöpfen in den meisten Fällen aus ihrem Leben, aus ihrer Erfahrung, während bei Männern sehr oft der Gedanke »Wie stehen wir da? Wie steht unsere Partei da? Wie sieht unsere Linie aus?« bestimmend ist. Sie werden das selbst oft nicht so sehen, aber sie haben es im Hinterkopf. Trotzdem ist das Endergebnis selten unterschiedlich, und das ist das Verblüffende daran.

Halten Sie den Begriff »weich« für weiblich?

Wenn Sie mit »weich« meinen, daß ich das Gefühl mit einbeziehe, daß ich nicht nur mit dem Kopf denke, sondern auch mit dem Herzen, mit dem Bauch – ja, dann ist es weiblich.

Glauben Sie, daß »Macht« männlich ist?

Sollte es eigentlich nicht sein, aber Macht ist etwas, an das wir Frauen bewußter herangehen müssen. Ich habe früher immer gesagt, Macht interessiert mich nicht, aber das sehe ich inzwischen anders. Nicht, weil sie mich jetzt mehr interessiert, sondern weil ich weiß, daß ich Dinge nur mit einer gewissen Macht durchsetzen kann – ob das nun eine Hausmacht ist oder ein gewisses Ansehen, das man durch ein Amt erhält. Ich glaube, in dieser Beziehung müssen wir am stärksten umdenken, müssen mit der Macht bewußter umgehen, sie auch bewußter einsetzen, nicht mißbrauchen. Also Macht als positiver Begriff. Diejenigen, die immer sagen, ich will keine Macht, werden nie etwas durchsetzen.

Gehen Frauen aus anderen Gründen in die Politik als Männer?

Wahrscheinlich schon. Die meisten gehen aus persönlicher Betroffenheit in die Politik oder weil sie finden, daß an ihrem Heimatort was geändert werden muß. Viele fangen ja über die Kommunalpolitik an, weil es zum Beispiel zu wenig Kindergartenplätze gibt oder ähnliches, bewerkstelligen dann da erst mal etwas in ihrer unmittelbaren Umgebung und stellen fest, daß es ja Spaß macht. Und dann fangen sie, meist viel zu spät, den Marsch durch die Institutionen an. Mit wenigen Ausnahmen landen sie dann erst mit 35, 40 Jahren im Parlament. Die Kollegen von der Jungen Union oder den entsprechenden Organisationen der anderen Parteien haben da schon zwei bis drei Legislaturperioden hinter sich.
Männer planen ihre Karriere, machen Abitur, studieren, anschließend sitzen sie mit dem Ruf »Es ist ja viel zu wenig Jugend in den Parlamenten« schon auf den besten Plätzen. Was ich für verheerend halte, weil ich finde, daß man zum Beispiel für das Amt des Bundestagsabgeordneten schon gewisse Erfahrungen im Leben und im Beruf mitbringen sollte.

Das würde ja Frauen generell mehr prädestinieren.

Das ist richtig, es kommen aber noch zu wenige in die Parlamente. Die Entwicklung, daß es mehr werden, läuft sehr zäh. Dort, wo ich herkomme, war ich immer die Frau in der Marktlücke – aber keine Alibifrau: Ich war die erste Frau im Gemeinderat von Garmisch-Partenkirchen, die erste Frau, die ein Direktmandat in der CSU eroberte. Jetzt sind wir immerhin schon drei, und wir müssen andere nachziehen. Manche schwärmen für die Quote – ich habe bisher immer gesagt, daß das ja wohl die letzte Möglichkeit wäre – wir brauchen tüchtige Frauen, keine Quotenfrauen. Aber wenn es bei uns gar zu zäh vorwärtsgeht, müssen wir wahrscheinlich auch mal mit diesem Zaunpfahl winken.

Von der Alibi- zur Quotenfrau?

Ach, wissen Sie, wenn Sie sich so hart durchgebissen haben wie ich, gegen einen amtierenden Bürgermeister, und das bei den fast 100 Prozent Männern, die die Wahlmänner darstellten, wenn Sie solche Abstimmung wie knapp auch immer gewinnen, dann sind Sie keine Alibifrau. Deswegen sind wir wahrscheinlich in den Regionen, in denen es noch ähnliche Verhältnisse gibt, besonders gegen die Quote, weil wir wissen, wie hart das Geschäft ist. Und wenn eine Frau das nie gelernt hat, macht sie leicht große Fehler, wird hart kritisiert und hört oft viel zu schnell wieder auf. Das mag in Städten anders sein, wo es Frauen generell leichter haben, wo sie mehr unterstützt und leichter in Parteigremien gewählt werden. Wenn Sie in reine Männerdomänen einbrechen, keinerlei politische Erfahrungen haben, nur Frau sind – dann werden sie ziemlich schnell Schiffbruch erleiden, mit wenigen Ausnahmen – und das schadet den Frauen dann mehr, als es nützt.

Müssen Frauen besser sein?

Besser vielleicht nicht, aber sie können sich weniger Fehler erlauben. Wir werden sehr viel unbarmherziger verurteilt, wenn wir uns Schnitzer erlauben. Ich will gar nicht sagen, daß die Frauen gescheiter sein müssen als die Männer, aber wir müssen uns immer besser vorbereiten.
Bei Frauen spielt halt auch das Äußere eine größere Rolle, negativ wie positiv. Ich habe schwer gelitten unter dem vermeintlich positiven Titel »Miß Bundestag«, weil es teilweise hieß, »na ja, die sieht gut aus, und so wird sie auch ins Parlament gekommen sein«, das hängt einem dann jahrelang an. Da heißt es dann: »Na gut, die kann man wenigstens anschauen, ist mal ein anderer Typ, aber wahrscheinlich hat sie nicht viel im Hirn.« Einerseits haben mich zwar viele gekannt in der Republik, weil so ein »Titel« ja bekanntmacht, aber dann habe ich jahrelang dieses Etikett getragen, nach dem Motto: Frau Geiger (Miß Bundestag) sagte (Doppelpunkt). Das war schlimm.

Glauben Sie, daß Frauen in Parlamentsdebatten anders miteinander umgehen?

Ja, das läßt sich auch durchgängig feststellen. Als ich als erste weibliche Gemeinderätin der CSU in den Gemeinderat einzog, empfand man das dort als sehr wohltuend, weil ich einen anderen Stil pflegte. Es wurde nicht mehr so viel geholzt. Im Bundestag wird zwar manchmal geholzt, aber die wenigsten Frauen greifen einander oder einen Mann persönlich an. Wenn sie angreifen, dann im allgemeinen die Sache, nicht die Person. Ich erkläre das den Schülern, die mich in Bonn besuchen, immer so: Im Parlament ist es wie im Fußballspiel – erst wird gepfiffen, dann gehen sie aufeinander los, kämpfen gegeneinander, dann wird wieder abgepfiffen, und man verträgt sich wieder. Es sei denn, es passieren ganz böse Fouls.

Warum gibt es eigentlich keine Ministerpräsidentin?

Es gibt bisher wenige Frauen, die es bis ganz an die Spitze geschafft haben, und zwar in ein Amt, das wirklich auch mit Macht ausgestattet ist. Frauen werden eher Bundestagspräsidentin, ein Amt mit sehr viel Ansehen, viel Repräsentationswert und relativ wenig politischer Macht. Dagegen ist es doch relativ schwer, Regierungschefin oder auch nur Spitzenkandidatin zu werden. Ich kann mich nicht erinnern, daß es das jemals gab. Wahrscheinlich vertrauen die Parteien zu sehr dem Vorurteil, das besagt, daß Frauen nicht gewählt werden. Ich halte das für Quatsch. Nachdem ich die Nachfolgerin von Franz Josef Strauß im Wahlkreis bin und fast dasselbe Ergebnis eingefahren habe wie er – und das als geschiedene evangelische Frau in Oberbayern – ist eigentlich bewiesen, daß das großer Quatsch ist.

Haben Männer Angst vor den Konkurrentinnen?

Das ist durchaus legitim. Wenn wir immer mehr weibliche Abgeordnete wollen, ist doch klar, daß die Männer Angst bekommen, denn für jede zusätzliche Frau muß ein Mann weg. Da freut man sich doch nicht.
Die Direktmandate betrifft es wegen des unterschiedlichen Aufstellungsmodus' noch nicht so sehr, aber die Listen werden jetzt fast bei allen Parteien mit Männern und Frauen gleichmäßig besetzt, und das bedeutet für die Männer natürlich direkte Konkurrenz. Und wer mag das schon?

Halten Sie es eigentlich speziell in Ihrem Ressort für gut, daß eine Frau Staatssekretärin ist?

Natürlich finde ich das gut. Erstens ist es immer gut, wenn eine Frau an der Spitze sitzt und zweitens gibt es gerade in der Entwicklungspolitik sehr starke Frauenthemen. Den Frauen in der Dritten Welt geht es schlechter als den Männern, anderseits sind sie meines Erachtens der Schlüssel, daß es endlich besser geht, weil sie bisher zu wenig die Möglichkeit hatten einzugreifen und beim Aufbau zu helfen. Und ein Thema wie Überbevölkerung betrifft natürlich insbesondere die Frauen, wenn etwas verändert werden soll.

Adrienne Goehler

Präsidentin der Hochschule für bildende Künste Hamburg
DIE GRÜNEN

- *Geboren 1955 im Schwarzwald, Lahr.*
- *1974 Abitur und Studienbeginn Romanistik/Germanistik in Freiburg; Bauplatzbesetzung in Whyl gegen ein Atomkraftwerk.*
- *1976/1977 Assistante allemande in Frankreich; Studium (Germanistik/Romanistik) in Grenoble; 6 Monate Studienaufenthalt in Westafrika.*
- *1978 Übersiedelung nach Hamburg, Fortsetzung des Studiums.*
- *1978/1979 Studienwechsel: Psychologie.*
- *1980 Mitbegründerin der Partei DIE GRÜNEN; Bauplatzbesetzung in Gorleben, Miterrichtung eines Hüttendorfes gegen die vorgesehene Wiederaufarbeitungsanlage; Initiatorin eines Stadtpiratensenders »Radio Querfunk«.*
- *1980 bis 1984 Arbeit als Synchronautorin (frei).*
- *1980 bis 1985 Arbeit in mehreren grünen (auch internationalen) Gremien.*
- *1983 bis 1985 Therapeutische Arbeit in einer Sexualberatungsstelle.*
- *1985 Initiatorin der Gruppe »Freche Frauen« zum Zwecke der Gründung einer Frauenliste der GRÜNEN.*
- *Am 9. November 1986 Einzug in das Hamburger Parlament für die Hamburger GRÜNEN mit 100 Prozent Frauen.*
- *1986 bis Februar 1989 Abgeordnete der GAL-Frauenfraktion.*

- *1986 Studienabschluß: Diplom-Psychologin.*
- *1986 bis 1991 Vorträge, Artikel zum Thema Frauen-Macht-Politik-Kunst.*
- *Seit 1. August 1989, nach bundesweiten Pro- und Contra-Reaktionen, Präsidentin der Hochschule für bildende Künste, Hamburg.*

»Ich glaube, weibliche Politik ist etwas Visionäres.«

Die Idee zu einer reinen Frauenliste entstand an keinem geringeren Ort als in der »Conpole« in Paris, in der ja manch Kluges gedacht wurde; das war Ende 1984. Die Frauenliste in die Hamburger Bürgerschaft zu bringen, schien mir nötig, weil meines Erachtens die Aufteilung der GRÜNEN, 50 Prozent den Frauen, auch eine Aufteilung des Machteinflusses in der Politik in Hälfte-Hälfte nicht hingehauen hat. Denn 50 Prozent Frauen haben nicht unbedingt auch 50 Prozent der Redezeit für Frauen bedeutet, weil Frauen sich zurücknehmen, sagen: »Ich schließe mich den und den Punkten an«, während Männer das Rad in jedem Beitrag neu erfinden. Nach dieser Erfahrung in Gremien habe ich gedacht: Halt! Stop! Das muß man anders machen. Wir können uns auch nicht irgendeine Bühne der Präsentation nehmen, die im Ortsausschuß Barmbek-Süd liegt, sondern wir müssen schon wahrgenommen werden, unübersehbar.

Ursache war meine ganz persönliche Erfahrung, die ich nach einem Jahr Fraktionsschnuppern als Nachrückerin bei den GRÜNEN in der Hamburger Bürgerschaft gewonnen hatte: Meine (damals) künftigen Mitstreiterinnen waren mir nicht zu wenig oder zu viel radikal, nicht zu wenig oder zu viel links oder kommunistisch – all das zählte für mich nicht wirklich. Das Argument für meinen Rücktritt war ganz und gar unpolitisch, ich konnte niemanden so gut leiden, daß ich nach freudlosen Sitzungen mir irgend etwas Freudvolles mit ihnen erhofft hätte. Anläßlich meines so begründeten Rücktritts fiel die GAL in Ohnmacht und das Strickmuster, ein Mann/eine Frau, in sich zusammen (es wären mehr Männer in der Fraktion gewesen), und so begann der Kampf zwi-

schen zwei Prinzipien der GRÜNEN, nämlich Rotation oder Parität: Was ist wichtiger? Delikaterweise wäre mit meinem Weggang auch der Frauenausschuß in der Bürgerschaft ohne leidenschaftliche grüne Besetzung gewesen, was für eine Partei, die diesen Ausschuß gefordert hatte, auch nicht problemlos sein konnte.
Es folgte eine riesige Diskussion, und ich wurde die ganze »Rotatäts«- und »Paritions«-Diskussion leid. Und es entstand der Gedanke: Wie wäre es denn, wenn wir grün-alternative Politik, Haushaltspolitik, ökologische Politik mal aus Frauensicht machen würden? Mit dem Erfahrungshintergrund von Frauen, mit dem Zugang von Frauen, der sich – so war damals wie heute meine These – unterscheiden müßte von der grün-alternativen Politik, die Männer machen. Das war der simple Gedanke, von allen bespöttelt und auf überraschende Weise 1986 realisiert. Weltweit ein Novum. Meine Überlegungen waren, daß es eine Gruppe von Frauen sein müßte, die dieses Experiment durchstehen *will*. Es müßten Frauen sein, die wissen, daß sie miteinander streiten könnten und *wollen*. Nicht einer Meinung sein, nicht Friede, Freude, Eierkuchen spielen, aber die Bereitschaft, Konflikte miteinander durchzustehen. Und sich auch die Mühe zu machen, gegenseitig und miteinander Konflikte auf ihren Kern hin zu untersuchen, etwa: Sind das äußerliche Zuschreibungen, kommen eigene Ängste hinzu in Anbetracht der 100prozentigen Frauenquote, werden wir dem gerecht? Natürlich gab es auch dagegen Front, Front gegen Psychologisierung von Politik. Ich bin nach wie vor der Meinung, daß oft vielleicht eigene Ängste zur Politik erhoben werden, Psychologisches politisiert wird. Mir schien es wichtig, Politik auf den Kopf – oder auf die Füße – zu stellen, je nach Blickrichtung. Mir schien es an der Zeit, den Kampf aufzunehmen.
Warum eine »reine« Frauenfraktion? Na, damit's alle mer-

ken, damit sich MANN nicht daran vorbeimogeln kann, um einen deutlichen Einschnitt zu bewirken, denn die Aufmerksamkeit von außen ist natürlich viel größer, als bei einer gemischten Fraktion. Das macht sich an kleinen Dingen schon bemerkbar, im Anekdotischen: Zum Beispiel waren die anderen Fraktionsvorsitzenden in großen Nöten, daß ihnen kein GAL-Mann als vertrautes Gegenüber verfügbar war; wenigstens diese eine Konvention – die des Mannseins – sollte eingehalten werden. Unser Geschäftsführer ist dadurch auf ungeahnte Weise aufgewertet worden, weil er das »verläßliche« Geschlecht hatte. Und mit uns wußte SPD/CDU-Mann nicht umzugehen. Auch bei den GRÜNEN werden ja gern die »wirklichen Politikfelder«: Innen-, Außen-, Wirtschafts-, Haushaltspolitik mit Männern besetzt; NUR Frauen, das verändert Wahrnehmungen, wobei ich noch nicht sagen will, ob zum Guten oder zum Schlechten. Ich konstatiere da zunächst nur einmal eine Differenz in der Rezeption und Reaktion der anderen Parteien.

Was ich bei Frauen deutlich anders finde, und ich würde es als Stärke und Schwäche zugleich ansehen wollen, ist, daß sie weniger die Position von der Person trennen, also daß sie sich als Person mit ins Spiel bringen, mit Stimmungen, Leidenschaften, mit Zorn. Sie lassen das persönliche Involviertsein nicht außerhalb des politischen Kontextes. Beispiel Tschernobyl: In der Debatte verlas der Umweltsenator seitenweise Gutachten, daß die akute Gefahr gebannt sei. Wir brachten den Alltag von Frauen in die Diskussion, was die permanenten Empfehlungen anging, wie Salat waschen, Kinder waschen, Kinder drinnen halten. Das alles hat Frauen in hohem Maße beeinträchtigt, und so etwas gehört ins Parlament, von Frauen eingebracht mit dem Argument: Eure Zahlen interessieren uns nicht, sondern die Frage, ob

Sie, Herr X, oder Sie, Herr Y, mit ihren Kindern am Sonntag zu Hagenbeck gehen und dort ein Milcheis essen. Es war ja damals dieser wunderschöne Sommer, und Eis – wie alle anderen Milchprodukte auch – war höchstgradig bedenklich. Das führte in der Bürgerschaft zu einem Eklat, weil es als zu persönlich galt, als schrecklich emotionalisierte Debatte. Das war für mich strukturell ein eindrucksvolles Erlebnis, weil ich festgestellt habe, daß Männer in ihrer Art, Politik zu machen, von der Annahme ausgehen, daß das Subjekt draußenbleiben muß, um als sachlich gelten zu können. Daß das gleichzeitig auch eine Schwäche von Frauen ist, macht sich daran bemerkbar, daß beim Schlagabtausch in der Politik Frauen sich doch nachhaltiger beeinträchtigt zeigen, zum Beispiel in der Wiederaufnahme der Diskussion mit jemandem, der eine gerade zur Idiotin erklärt hat. Männer hauen sich ja – so will's das Ritual – alles um die Ohren in den Parlamenten und gehen nachher ein Bier trinken. Rituale, die Frauen nicht ihr eigen nennen. Zunächst hatte ich eine tiefe Verachtung für solch ein Verhalten, weil ich abstoßend fand, wie wenig ernst die Männer sich und andere Männer nehmen. Frauen – und ich habe das an mir bemerkt – bleiben nach ätzenden Rededuellen unversöhnt, was ihnen die Arbeit durchaus nicht leichter macht. Dieses Nicht-Trennen von Person und Position, das ich bei Frauen häufiger beobachte als bei Männern, impliziert dann auch einen anderen politischen Stil. Natürlich fallen mit auch gleich Gegenbeispiele ein, es gibt genügend Frauen in politischen Positionen, die ein hohes Lied der Trennung von Person und Position pfeifen, also die Identifikation mit einem männlichen politischen Stil vorleben. Häufig anzutreffen bei Frauen, die allein in Positionen stehen, ist ihre Überperfektion, ihre Über-Normierung, ihr Männlicher-sein-als-Männer. Deshalb ist meine Strategie oder Utopie die, daß Frauen sich im

»Sechser-Pack« in die Politik begeben sollten, um etwas anderes zu erreichen, eine andere politische Kultur zu entwickeln. Ich glaube nicht, daß Frauen das im Einzelkampf ohne Beschädigungen so ohne weiteres schaffen, wenn sie nicht den Preis zahlen wollen, doppelt so gut zu sein, doppelt so viel zu arbeiten, doppelt so präsent zu sein, und sich als Konsequenz daraus erschöpfen.

Ich glaube, weibliche Politik ist etwas Visionäres, unter den gegenwärtigen Umständen haben wir noch keine originär weibliche Politik. Es gibt Facetten, die es lohnt, zusammenzutragen, um daraus ein Bild zu entwerfen. Und dazu würde für mich unbedingt gehören, sich schonungslos bewußtzuwerden, welche Veränderungen mit einer Person vor sich gehen, wenn sie (wie dies einmal höchst unfein genannt wurde) sich in der Position einer »Rampensau« befindet. Dazu würde für mich die Einrichtung eines ständigen feed-back gehören. Mich interessiert ja wirklich die andere politische Kultur und nicht lediglich die Ersetzung von soundsoviel Männern durch soundsoviel Frauen. Allerdings ist die Quote für mich die notwendige, wenn auch nicht hinreichende Bedingung zur Veränderung von Politik; ohne diesen Zwang, den die Quotendiskussion auf Männerstrukturen ausübt, läuft gar nichts, das mußten wir einfach erkennen.
Zwei Beispiele für Männerdenken bzw. weibliche Ansätze in der Politik: Als die FDP in die Hamburger Bürgerschaft zurückkehrte, standen Sparmaßnahmen der öffentlichen Haushalte an. Vorschlag der FDP: Die Hälfte der Straßenlaternen abzuschalten, um Strom zu sparen. Sowas würde einer Frau nie einfallen, da muß sie kein Vergewaltigungsopfer sein, sondern sie hat ein Gespür dafür, daß sowas nicht geht! Ich denke auch, Frauen hätten niemals so etwas wie eine U-Bahn entwickelt, also eine Einrichtung, die

Menschen in dunkle Ecken verbannt, damit die Autos oben im Freien fahren können. Absurd! Solche Verkehr-ungen denken und planen Frauen nicht.
Oder: Diskussion im Bundestag über § 218: Die Abgeordnete der GRÜNEN, Waltraud Schoppe, wollte einen anderen Denkansatz einbringen und forderte den Bundeskanzler auf, sich dafür starkzumachen, doch einmal laut über andere, empfängnisfreie Sexualpraktiken nachzudenken und nicht im nachhinein sich als Hüter der Moral über die Frauen zu erheben. Über den Tumult, den diese Aufforderung auslöste, muß ich sicher nicht reden, Tabus anzukratzen ist nun mal äußerst verwerflich.

Vor Jahren las ich mal ein Interview mit einer Frau irgendwo im Schwarzwald, die für eine Kommunalwahl auch eine »reine« Frauenliste aufgestellt hatte. Diese Frau war der CDU nahestehend, weit entfernt von jedem feministischen Verdacht. Und die sagte ganz einfach: »Die Männer haben doch keine Ahnung von unseren Problemen, die gehen doch alle morgens in die Stadt arbeiten, woher sollen die wissen, wo ein Zebrastreifen hin soll, was sollen die von den Uhrzeiten wissen, die für unser Leben im Dorf relevant sind. Die haben keine Ahnung. Jetzt sollen Menschen ins Parlament, die Ahnung haben, und das sind halt Frauen.« Das fand ich toll, weil sie so eine unkapriziöse, unideologische Herangehensweise hatte. In kommunalen Parlamenten ist das sehr plausibel, erweckt auch wenig Anstoß, weil es die weniger wichtige Politik ist. Interessant wird es ja aber da, wo es um relative Macht geht. Auch wenn ich eine Gegnerin von Allaussagen bin, glaube ich, daß bei Frauen ein anderes Potential besteht, mit Macht umzugehen. Mein eigenes Koordinatensystem ist sicherlich ein feministisches, und ich finde die Definition der Amerikanerin Adrienne Rich sehr gut, daß wir wieder auf die Wurzel des Wortes

»Macht« zurückkommen müssen, nämlich »Macht zu...« kommt von »podere«, »pouvoir«, also das »Vermögen, etwas zu tun«. Macht, um etwas zu verändern. Ich würde gern die Unterscheidung machen zwischen »Herrschaft über...« und »Macht zu...«, und ich hätte schon gern die Macht, etwas zu verändern, die Macht, einen anderen Diskurs zu führen, die Macht, Sinnfragen an scheinbar vorgegebene Realitäten zu stellen. Ich würde es aber ablehnen, dieses zum Beispiel vermittels einer Diktatur von 51 Prozent über 49 Prozent machen zu wollen, wie dies in repräsentativen Demokratien der Fall ist. Wenn ich also über weibliche Politik rede, rede ich auch immer über andere Strukturen. Ich knüpfe für mich in den Überlegungen an die Frauen der ersten Nationalversammlung an, die ja Erstaunliches hingekriegt haben. Es gab damals 1911, interfraktionelle Absprachen von Frauen, zum Beispiel über Milchpreiserhöhung, über Essenszuteilung. Also verbraucherInnenorientierte Themen. Die Frauen haben sich schlicht über den Fraktionszwang hinweggesetzt, weil sie sagten, in diesen Fragen haben wir keine differenten Antworten. Dies galt allerdings noch bis vor kurzem nicht für § 218. Da gab es unter Frauen bisher immer unterschiedliche Ansätze. Ein Kennzeichen weiblicher Politik ist aber heute schon, daß Frauen in dem vorstrukturierten Bereich unglaublich stark sind. Ich denke dabei an die Frauen, die sich gegen die Stationierung von Mittelstreckenraketen zur Wehr gesetzt haben, ich denke an die Frauen im indischen Regenwald, die sich angekettet haben, um gegen die Abholzung zu protestieren, und ich denke daran, daß die ersten Demos und Mahnwachen in Leipzig und in Dresden von Frauen ausgingen. Belächelt übrigens von Männern, weil es im präpolitischen Raum stattfand. Das Dorf in Gorleben wurde von Frauen regiert, die gleichzeitig die Ausdauer hatten und die Kraft, eine andere Utopie zu entwerfen. Ins

Parlament allerdings gingen von den Gorleben-Leuten die Männer, weil den Frauen stärker das direkte Verwobensein von Alltag, Organisation und Politik lag als eine entsinnlichte Form von Antragspolitik. Wenn der Bezugsrahmen weiterhin die Fraktionszwang-Politik bleibt, dann glaube ich, daß der Handlungsspielraum für eine politische Utopie so klein ist, daß das, was ich mit der Hoffnung auf eine andere, weibliche Politik verbinde, sich gar nicht einlösen kann.

Anderer Gedanke: Mich interessiert keine additive Politik, mich interessiert eine subversive Politik, und da glaube ich, ganz pauschal gesagt, daß Frauen mehr Leidensdruck haben. Sie haben mehr zu gewinnen, wenn sie sich aus bestimmten Klischees und Rollen befreien. Je ernsthafter wir diese Veränderung von Realität betreiben, desto härter wird der Gegenwind durch die Männer. Das ist klar und auch durchaus wahrnehmbar. Der Sieg Kloses über Däubler-Gmelin um den SPD-Fraktionsvorsitz in Bonn ist ein Zeichen dafür, und da wurde auch durchaus Energie aufgewandt, um das hinzukriegen. Die Bandagen, mit denen die Männer kämpfen, werden härter. Ich würde gern der Ratio in der Politik wieder einen Raum geben, ich halte es für zutiefst unpolitisch, was bei uns als Politik bezeichnet wird. In den seltensten Fällen wird an die *Sache* gedacht und daran gearbeitet, in den seltensten Fällen wird gefragt »Wem nützt dies?« und das, was so häufig mit dem »Wohl der Stadt« begründet wird, ist nichts anderes als eine narzistische Turnübung. Dieses aufzeigen zu können, dieses als solches zu definieren, wäre für mich eine Veränderung der politischen Kultur. Eine politische Gruppierung kann sich nicht zusammensetzen aus ein bißchen Frau, ein bißchen Mann, ein bißchen rechter Flügel, ein bißchen linker Flügel, ein bißchen Bergedorf, ein bißchen Wandsbek, ein bißchen

Oldenburg, ein bißchen Göttingen – das ist eine Ansammlung von Proporz, daraus wird aber nicht unbedingt Politik. Einen gemeinsamen Nenner zu suchen hieße, um Annäherungen an Wahrheit zu ringen und nicht zu behaupten, man habe sie. Es würde bedeuten, die erstarrten politischen Strukturen zu verändern zugunsten von mehr direkter Demokratie. Ich glaube, um es noch einmal zusammenfassend zu sagen, daß eine weibliche Politik – und das heißt für mich, eine feministische – nicht gedeihen kann auf dem Boden der Parteienrepräsentanz mit Fraktionszwang. Da wird ja nicht mehr argumentiert, sondern nur geguckt, ob die Mehrheit gesichert ist. Mit diesem Parteien-, Kirchen-, Gewerkschaftsproporz läßt sich für mich keine Politik machen, von der ich sagen würde, sie könnte das Attribut »weiblich« tragen. Also liegt das Veränderungspotential durch Frauen in der Politik für mich weitgehend in der Zukunft. Damit mache ich geleistete Arbeit nicht zunichte; sie sind mir aber nicht mehr als der Vorschein dessen, was sein könnte. Dazu bräuchte ich – obwohl und trotz der Gültigkeit der weltweiten Verbreitung, die die repräsentative Demokratie zu erlangen scheint, ein Koordinatensystem, welches direkte Demokratie heißt, so etwas, wie Beuys sie verstanden hat: Die Sprache der Menschen und nicht ihr Pseudo-Mitsprache-Recht, das sie alle vier Jahre durch ein Kreuzchen kundtun dürfen.

Monika Hohlmeier

Bayerische Landtagsabgeordnete
CSU

- *Geboren am 2. Juli 1962 in München.*
- *1981 Abitur.*
- *1981 bis 1983 Ausbildung zur Hotelkauffrau.*
- *1985/1986 Besuch des Fremdspracheninstituts der Landeshauptstadt München für die Sprachen Französisch und Spanisch.*
- *Mitglied der Jungen Union seit 1978.*
- *CSU-Mitglied seit 1978.*
- *Gemeinderätin in Vaterstetten seit März 1990.*
- *Stellvertretende Stiftungsratsvorsitzende der Marianne-Strauß-Stiftung.*
- *Schirmherrin der Deutschen Multiple-Sklerose-Gesellschaft, Landesverband Bayern.*
- *Mitglied des Bayerischen Landtags seit 1990.*
- *Verheiratet, 2 Kinder.*

»... man muß lernen, den Begriff Macht neutral zu bewerten.«

Ich bin eigentlich der Überzeugung, daß es zwar weibliche Eigenarten oder weibliche Temperaments- und Charakterzüge gibt, die eher Frauen zuzuschreiben sind, aber daß es eine rein weibliche Politik nicht gibt.

Glauben Sie denn, daß Frauen aufgrund ihrer spezifisch weiblichen Charakterzüge andere Dinge in die Politik einbringen?

Sicherlich bringen Frauen andere Dinge in die Politik ein, wobei eine Pauschalisierung auch hier fehl am Platz ist. Was ich bisher so erlebt habe, ist, daß Frauen zum Teil emotionaler reagieren. Das kann sich sehr positiv äußern, indem sie ihre Argumente mit ungeheurer Überzeugungskraft rüberbringen, das kann sich aber auch negativ in hysterischen Reaktionen äußern.

Aber es gibt ja auch sehr jähzornige Männer.

Deshalb habe ich bewußt für Frauen den Begriff Hysterie gebraucht. Jähzorn ist nach meiner eigenen Erfahrung in der Tat eher eine männliche Eigenschaft, die auf Wut basiert. Frauen, die in der Politik Karriere machen wollen, müssen zumeist fachlich kompetenter sein als ihre männlichen Kollegen, sie müssen schlichtweg cleverer sein.

Was bringen Frauen denn positiv in die Politik ein?

Lassen Sie mich hier kurz betonen, daß ich nichts von Quoten für Frauen halte. Wenn eine Frau in die Politik geht, dann möchte ich, daß sie gut ist, sonst schadet sie nämlich dem Ansehen der Frauen nur. Diesen Anspruch stelle ich im übrigen auch an Männer! Wenn wir Frauen auch numerisch unterlegen sind, so heißt das nicht, daß wir in Sachentscheidungen weniger bewegen. Ich glaube sogar, daß Frauen in der Relation zur »Menge« sehr viel einbringen. Sie haben mich jedoch nach den positiven Elementen gefragt, die Frauen in die Politik einbringen. Frauen haben meines Erachtens in der Gesellschaftspolitik ungeheuer viel vorwärtsgebracht. Ich sage bewußt Gesellschafts- und nicht Frauenpolitik, denn für mich ist Frauenpolitik automatisch Gesellschaftspolitik, denn wenn sich Frauen verändern, verändert sich die Gesellschaft. Ich kann nicht sagen, die Frauen haben sich verändert, und der Rest der Welt bleibt stehen. Frauen haben in den vergangenen Jahren starke Akzente in den Bereichen Wirtschafts und Soziales gesetzt. Nicht die reine Sozialpolitik, sondern – und darin liegt auch mein persönlicher Ansatz – die Verbindung von Arbeit, Familie und Leben. Diese drei Schwerpunkte im Leben vieler Menschen so zu verbinden, daß sie sich vertragen und nicht konträr zueinander stehen, wird sicherlich nicht in paradiesischer Form erreichbar sein, für Frauen ist diese Kombinierbarkeit jedoch besonders entscheidend. Natürlich auch zunehmend für Männer, denn diese Frage stellt sich all denjenigen, die Arbeit, Familie und Leben miteinander vereinbaren müssen und wollen. Der Anteil der betroffenen Frauen liegt allerdings noch beträchtlich höher als der der Männer, nämlich bei ca. 95 Prozent. Männer haben die Entwicklung des Berufslebens entscheidend geprägt, Frauen vorrangig das Familienleben, was fast automatisch zu der Konsequenz führte, daß sich die Familien- und die Arbeitswelt konträr zueinander entwickelten. Oder anders ausgedrückt, hier Familien- und Frauenpolitik, dort Wirtschafts- und Finanzpolitik. Was jetzt gefordert ist, ist die

Flexibilität der Gedankengänge. Heute kann man nicht mehr *die* These entwickeln, wie Familie und Beruf optimal zu verbinden sind. Ich greife als Beispiel das Berufsbild der Krankenschwester heraus. Es ist einfach nicht möglich, alle Krankenhäuser in Deutschland nach einem alleingültigen Schema zu bewerten, weil die Personalzusammensetzung, die Struktur der Persönlichkeiten, die Art der Arbeit, die Einstellung der Ärzte zum Pflegepersonal, die Rahmenbedingungen und noch vieles mehr differieren und somit äußerst unterschiedlich zu behandeln sind. Heutzutage muß man vielfältige Ideen und Angebotsformen entwikkeln, aber man darf keine Pauschalrezepte verabreichen. Kreativität ist gefragt, nicht das Festklammern an vorgegebenen Klischees!

Läßt sich denn pauschal sagen, daß Frauen anders an Probleme herangehen?

Die Politik wird ohne die Frauen und ihre Vorstellungswelten nicht mehr auskommen können. Insbesondere werden Themenbereiche, die bisher vielleicht als zweitrangig gesehen wurden, als gleichrangig eingestuft werden müssen. Beispielsweise eine Wirtschaftspolitik ohne eine sich verzahnende Sozial-, Familien- und Frauenpolitik wird nicht gestaltbar sein. Einen alles abdeckenden Hypersozialstaat meine ich damit jedoch nicht, denn den halte ich für absurd, falsch und gefährlich. Für diese Verzahnung brauchen wir das Gedankengut von Frauen. Gerade die Frauen bringen einfach viele Erfahrungen aus ihrem persönlichen sozialen Engagement mit, weil sie seit Jahrhunderten die gemeinwesensorientierte Arbeit leisten, weil sie ein stärkeres Interesse an Nachbarschaft in bezug auf praktizierte Solidarität haben und weil sie die Verantwortung in der Familie in hohem Maß alleine tragen.

Diese Faktoren bringen Frauen einfach mit, und inzwischen werden diese Faktoren in der Politik tagtäglich höher bewertet. Der pragmatische Verstand von Frauen ist auch auf anderen politischen Feldern zunehmend gefragt: bei Umweltfragen, in der Bildung, bei der Lösung von Verkehrsproblemen usw. Manchmal habe ich das Gefühl, daß Frauen den Draht zum Bürger leichter finden. Sie hören länger zu, versuchen zu erfassen, was das Gegenüber sagt und reagieren darauf. Gerade dieses Einfühlungsvermögen wird in der heutigen Zeit besonders vermißt. Jeder erhofft sich von der Politik, daß Sorgen ernst genommen werden, daß auf sie reagiert wird in Antworten, in Problemlösungen, in politischen Zielsetzungen und Leitlinien.

Glauben Sie, daß Frauen anders mit Macht umgehen?

Ja, ich glaube, daß Frauen anders mit Macht umgehen, aber auch diesen Aspekt betrachte ich ambivalent. Aus Berichten von Krisen- und Kriegsgebieten habe ich schon mehrfach gelesen und gehört, daß Frauen mehr gefürchtet wurden und werden als Männer, weil sie zum Teil Macht menschenverachtend, widerlich und fanatisch mißbrauchen. Auf der anderen Seite erlebe ich tagtäglich Frauen, die hochsensibel und äußerst bedacht mit Macht umgehen. Ich selbst bin auch vorsichtig im Umgang mit Macht, aber ich weiß, daß ich sie benötige, daß ich ohne sie nichts entscheiden kann. Ich muß nur wissen, welche Macht von der Macht ausgeht. Die Menschen, für die ich Entscheidungen treffe, müssen sie nachvollziehen können. Dies ist sicherlich nicht perfekt durchführbar, es muß jedoch Zielvorstellung sein. Frauen können mit Macht gut umgehen, einen »Persil-Schein«, daß sie besser mit ihr umgehen, würde ich ihnen allerdings nicht ausstellen.

Ist Macht männlich?

Als ich in die Politik ging, erreichten meinen Mann eine große Menge Mitleidsbekundungen. Gleichzeitig aber kamen Aussagen wie: So eine intelligente Frau mit so viel Macht – da kann doch kein intelligenter Mann danebenstehen. Das muß ja so ein Pantoffelheld, so ein Prinzgemahl sein, der immer drei Schritte hinter ihr läuft. Man räumt automatisch Frauen, die ein Mandat und damit Macht haben, die traditionelle Rolle des Mannes in der Familie ein. Das ist nur ein Beispiel. Für mich ist Macht nicht männlich, auch wenn man mit Klischees zurechtkommen muß, an ihnen arbeiten muß, nämlich daß Macht den Männern zugeschrieben wird. Macht kann, wenn sie von Frauen ausgeübt wird, durchaus positiv sein. Ich denke, man muß lernen, den Begriff Macht neutral zu bewerten.

Haben Frauen einen anderen Führungsstil?

Frauen haben sicherlich einen etwas anderen Führungsstil, allerdings *den* weiblichen Führungsstil gibt es für mich nicht. Er wird automatisch geprägt vom Personal, das unter ihnen steht. Sind darunter sehr starke Gegner von Frauen in der Führungsebene, werden sich Frauen mit ihrem Führungsstil, den sie selbst erst prägen wollen, schwerer tun. Und vielleicht kann sie dann gar nicht ihren Stil entwickeln, weil sie gar nicht diese Anerkennung erfährt.
Eines kann man aber, glaube ich, pauschal sagen: Frauen schauen mittlerweile darauf, daß sie ihr eigenes Ich auch im Führungsstil einbringen. Und das ist neu, daß man nicht etwas übernimmt, was vorher schon da war, sondern daß man die Strukturen mit der eigenen Persönlichkeit in Einklang bringt. Man muß ja Vorhandenes aufnehmen, kann es nicht wegleugnen, aber Frauen versuchen dann,

dieses auf die eigene Identität zu übertragen. Nicht zu übernehmen, sondern zu übertragen und zu vereinbaren, also kompatibel zu machen. Frauen betrachten viele Dinge einfach ganzheitlicher, ob es das Privatleben ist, das Verhältnis zu ihrem eigenen Mann, das Verhältnis zu ihrer Arbeit oder der Position, die sie einnehmen. Das ist etwas sehr Positives. Frauen nehmen für sich in Anspruch, eine eigene Persönlichkeit zu sein – im Privat- wie im Arbeitsleben, und sie gestalten ihren Stil entsprechend in der Familie und in der Arbeit. Wenn jemand beide Bereiche strikt trennt, vielleicht sogar seelisch kontrovers betreibt, kann es sich sehr negativ auswirken, daß nämlich das Arbeitsleben in die Familie getragen oder daß das Familienleben in die Arbeitswelt gebracht wird. Das ist für mich sehr häufig sehr negativ, gerade wenn jemand zum Beispiel Familiendinge noch nicht verdaut hat und sie dann in die Arbeit hineinträgt, das halte ich für schwierig. Frauen bringen mit ihrem ganzheitlichen Ansatz schon etwas sehr Positives ein.

Treffen Frauen kollektivere Entscheidungen?

Frauen sind gewöhnt, sich mit anderen auseinandersetzen zu müssen, zum Beispiel mit den eigenen Kindern, die ich für sehr wichtig halte, weil sie einen zwingen, sich zu hinterfragen. Man kann einfach nicht ausweichen, muß antworten, sich selbst auch in Frage stellen. Nur Kinder oder sehr gute Freunde können mich persönlich konstruktiv begleiten. Frauen ist so etwas stärker zu eigen, weil sie in der Familie, im Gemeinwesen, in der sozialen Arbeit und auch daraus, daß sie ja nicht immer die Vorrangstellung eingenommen haben, lernen mußten, sich auseinanderzusetzen, und es nicht gleich als Kritik zu empfinden, wenn das Gegenüber Anmerkungen macht.

Das sehe ich als absolute Stärke der Frauen an. Aber sie ziehen sich auch anderseits teilweise aus der Verantwortung zurück, weil sie das Gefühl haben, daß eine Position ihre Ehe oder ihre Partnerschaft negativ beeinflussen könnte, weil gesellschaftliche Klischees bestehen, weil Macht eben männlich gesehen wird, weil, weil, weil. All die vielen Einzelgründe, auch, weil sie glauben, ihren Kindern nicht mehr gerecht werden zu können, so daß sich daraus Verzögerungen ergeben, die Frauen daran hindern, auch wirklich Verantwortung übernehmen zu wollen. Das ist eines der größten Probleme, die sich stellen in bezug auf den »Nachwuchs« von Frauen in der Politik.

Bei Ihnen drängt sich die Frage auf: Warum sind Sie in die Politik gegangen?

Ich wollte eigentlich nicht Politikerin werden, ich war sogar dagegen. Solange mein Vater [Franz Josef Strauß] lebte, war die Sache ohnehin klar, und ich war von uns drei Kindern auch wirklich nicht das politisch interessierteste. Natürlich wurde bei uns zu Hause politisch diskutiert, aber ich wurde nicht gerade in die Rolle der Nachfolgerin des Franz Josef Strauß gedrängt. Ich war zwar in der Jungen Union, aber ich wollte keine Position haben, und ich muß Ihnen sagen, dieses Positionsgeschiebe hatte und habe ich wirklich dicke. Mein Interesse, dann doch in die Politik zu gehen, ist zum ersten Mal richtig erwacht, als ich mit meinem Vater begonnen habe, zum Beispiel Atomkraft zu diskutieren, und als ich meinen Vater im Bundestags-Wahlkampf 1980 mit all den Angriffen auf ihn, mit all dem Fanatismus begleitete. Einer rannte dabei blind vor die S-Bahn, ein anderer, der ein Transparent für friedliches Miteinander trug, wollte meinen Vater am liebsten umbringen. Seitdem denke ich, deine Aufgabe muß es sein, auch jungen Menschen zu vermitteln, daß Politik menschlich ist, daß Politik Entscheidung bedeutet, daß Politik Sachverstand bedeutet und daß Politik auch bedeutet nachzudenken. Das war für mich zunächst der Schritt ins politische Engagement. Der Tod meiner Mutter brachte mich ins soziale Engagement, und dann, nach dem Tod meines Vaters, habe ich lange hin und her überlegt, ob ich in die aktive Politik gehen soll oder nicht, denn ich wußte ja, was Politik bedeutet, was es an Feindseligkeiten mit sich bringen kann, an Taktik, an Rücksicht, an Selbstaufgabe.

Auch in Anbetracht meiner Familiensituation war die Entscheidung nicht leicht, denn mein Mann kommt aus einer sehr hierarchisch strukturierten Familie, und es fiel ihm nicht leicht, auf einmal eine Politikerin an der Seite zu haben. Nun geht es natürlich auch um das gegenseitige Tolerieren und Akzeptieren des Erlebten bzw. der Zielvorstellungen im Leben. Das ist nicht automatisch identisch, aber man muß sie miteinander kompatibel machen.

Eva Rühmkorf

Ehemalige Ministerin für Bundesangelegenheiten,
Schleswig-Holstein
SPD

- *Geboren am 6. März 1935 in Breslau.*
- *Studium der Psychologie, Theologie und Germanistik an den Universitäten Marburg und Hamburg; 1961 Abschluß als Diplom-Psychologin.*
- *1961 bis 1968 Markt- und Motivforscherin bei internationalen Werbeagenturen.*
- *1968 bis 1973 Grundsatzreferentin in der Hamburger Justizbehörde.*
- *1973 bis 1978 Leiterin der Jugendstrafanstalt Vierlande.*
- *1979 bis 1988 Leiterin der »Leitstelle Gleichstellung der Frau«, seit 1983 als Staatsrätin der Freien und Hansestadt Hamburg.*
- *Mitglied der SPD seit Ende der 50er Jahre.*
- *31. Mai 1988 bis 1. Juni 1990 Ministerin für Bildung, Wissenschaft, Jugend und Kultur, Schleswig-Holstein.*
- *1990 bis Mai 1992 Ministerin für Bundesangelegenheiten; Stellvertreterin des Ministerpräsidenten und Bevollmächtigte des Landes Schleswig-Holstein beim Bund.*
- *Verheiratet.*

»Männer bilden Seilschaften, Frauen spannen Netzwerke.«

Ich finde schon, daß es eine weibliche Politik gibt, wobei nicht einfach die Tatsache, eine Frau zu sein, schon der Garant dafür ist, daß auch weibliche Politik gemacht wird. Heute gibt es aber viele Frauen in der Politik, die, ob sie es wollen oder nicht, durch die Frauenbewegung geprägt sind, das heißt, sie praktizieren einen ganz anderen Führungsstil, als das Männer bisher getan haben. Natürlich gibt es inzwischen auch Männer, die diesen Führungsstil praktizieren. Es wird ihnen allerdings leichter gemacht als uns Frauen. Zwei Politiker fallen mir dabei ein, nämlich Björn Engholm und Hans-Ulrich Klose – beides Männer, die in ähnlicher Art argumentieren, wie Frauen das tun: Nachdenklichkeit zulassen und Individualität. Zögerlichkeiten zugeben. Ich glaube, das wird ihnen nicht so angekreidet wie Frauen, weil sie damit etwas Besonderes innerhalb der Spezies Mann sind. Wenn Frauen Unsicherheiten eingestehen, wenn sie sagen, sie möchten erst einmal mit jemandem sprechen, sie wollen nicht einfach so anordnen, dann trifft sie oft der Vorwurf, sie seien nicht entscheidungsfähig.

Also wäre der Begriff »weiblich« in der Politik negativ – es sei denn, Männer machen ihn sich zu eigen, dann erfährt er eine positive Wertung.

Die Gefahr ist jedenfalls nach meiner Beobachtung sehr groß. Ich habe es für mich mal auf den Nenner gebracht, daß das, was meine Stärke ist, nämlich, daß ich es aushalten kann, Konflikte auszutragen, mir als Schwäche angekreidet wird, weil ich nicht sofort eine Entscheidung fälle. Ich glaube schon, daß das Frauen sehr oft als Entscheidungsschwäche unterstellt wird, aber das sollte uns nicht entmutigen.

Wie sieht das mit der Politikerinnen-Generation vor Ihnen aus?

Die hatte es wesentlich schwerer als wir, und zwar, weil Frauen überhaupt keine Chance hatten, sich mit Frauen als Frauen zu definieren. Sie sind geprägt worden durch die männlichen Apparate, das gilt für die meisten Politikerinnen, die ich kenne, aber auch für Gewerkschaftsfrauen. Ich glaube, die erste, die das anders gemacht hat – und der man das ja auch ungeheuer vorgeworfen hat – war Marie Schlei. Sie hatte damit große Probleme. In dem Augenblick, in dem eine Frau für sich erkannt hat, daß sie aufgrund ihrer Sozialisation einen anderen Weg gehen will und muß als ihre männlichen »Mitbewerber«, indem sie eine andere Politik macht, setzt sie sich auch stärker der öffentlichen Kritik aus.

Hat die Frauenbewegung Frauen auch ursächlich bewogen, in die Politik zu gehen?

Ich finde schon, daß die Frauenbewegung die Frauen darin bestärkt hat, nicht nur zu fordern, daß die Macht geteilt werden muß, sondern dann auch für sich die Konsequenz zu ziehen, sich aktiv daran zu beteiligen. Ich selbst bin so ein Beispiel. Ich wäre nie Ministerin geworden, weil das so in meiner »Karriere-Planung« (tatsächlich habe ich so etwas nie gemacht) nicht drin gewesen wäre. Ich habe mich dafür entschieden, weil ich gedacht habe, ich kann es nicht nur anderen Frauen abverlangen, sondern ich muß es selbst tun. Und es macht mir sogar Spaß, was ich vorher nicht wissen konnte. Das ist die eine Seite, daß Frauenbewegung dieses

Bewußtsein bei uns allen geschärft hat. Bei mir sicher noch verstärkt, weil ich vorher ja neun Jahre hauptamtlich Frauenpolitik gemacht habe. Aber ich meine noch etwas anderes: daß wir alle durch den Prozeß, den die Frauenbewegung ausgelöst hat, auch unsere Selbstwahrnehmung verändert haben und auch die Wahrnehmung der Situation von Frauen. Dadurch machen Frauen zunehmend Politik, auch da, wo sie nicht »Frauenpolitik« machen, in dem Bewußtsein, eine Frau zu sein, in dem Bewußtsein, daß an ihnen auch die Verantwortung hängt, die Interessen von Frauen stärker zu vertreten, als Männer das tun. Ich kenne nur wenige Frauen, die in die Politik gegangen sind mit dem Ziel, nun dort Karriere zu machen. Junge Männer treten auch oft in eine Partei ein, um etwas zu werden. Wenn Frauen sich politisch in Parteien oder in »Bewegungen« engagieren, tun sie dies, um etwas zu verändern. Und das scheint mir ein grundlegender Unterschied zu sein.

Verändern denn Frauen, wenn sie »in Positionen« sind, wirklich mehr als Männer?

Ob sie mehr verändern – das weiß ich nicht. Aber daß sie es anders machen, da bin ich ganz sicher. Es gibt zum Beispiel – wahrscheinlich, weil wir noch so wenige in der Politik sind – ein nicht-informelles Netzwerk von Frauen. Mir fällt auf, daß Frauen, die ich schätze – es gibt auch durchaus welche, die ich nicht schätze –, sich in Reden häufiger auf Frauen beziehen. Das machen Männer auch, nur: Auch wir haben uns früher auf Männer bezogen, aber wir haben gelernt, wenn wir als Frauen Politik gestalten wollen oder Frauenpolitik machen oder als Frauen in der Gesellschaft stärker wahrgenommen werden wollen, dann müssen wir Frauen sie benennen, denn die Männer machen das nicht. Und noch etwas fällt mir manchmal positiv auf: Wenn ich in

Runden komme, in denen der »geeignete Mann für einen bestimmten Platz« gesucht wird, bringen Frauen die Namen von Frauen ins Spiel, die sie auch kennen, bei denen sie wissen, von wem sie reden. Auch das ist eine neue Qualität von Politik. Und das geht zum Teil sogar über Parteigrenzen hinweg, viel stärker, als das bei Männern der Fall ist. Frauen stützen sich auch anders gegenseitig, als Männerseilschaften das tun. Ich habe für mich selbst da so ein Bild gefunden: Männer bilden Seilschaften – das ist das, was wir alle kennen und was Frauen viele Jahrzehnte auch gemacht haben; heute spannen Frauen Netzwerke. Zum Teil halten sie anderen auch ein Netz unter, während Männer abstürzen lassen, wenn die Seilschaft gefährdet ist.

Worin liegt die weibliche Politik im Politik-Alltag?

Meine Erfahrung ist, daß Frauen die Arbeitszusammenhänge (zum Beispiel in einem Ministerium) anders strukturieren. Also den anderen Umgang miteinander institutionalisieren und damit Inhalte transportieren. Ein Beispiel: Natürlich erteile ich auch Weisungen, aber ich gebe sie erst, nachdem ich mit denjenigen, die sie nachher ausführen sollen, geredet habe. Und es kann auch passieren, daß die Mitarbeiterinnen oder Mitarbeiter die Ministerin überzeugen, daß die Entscheidung nicht so aussehen kann, wie sie sie ursprünglich vorgehabt hat. Ich halte das für eine Stärke, weil ich dann nämlich sicher sein kann, daß diejenigen, die das umsetzen sollen, dieses auch tun. Erzähle ich das aber »draußen«, höre ich: »Was denn, so unsicher ist diese Ministerin? Die weiß ja noch nicht mal, was sie will und läßt sich von denen noch überreden.« Das, glaube ich, ist ein wesentlicher Unterschied, daß ich weiß, daß die Veränderung der Gesellschaft nur bewirkt werden kann, wenn die, von denen ich will, daß sie sie verändern, dieses auch

mittragen. Und sie tragen sie nur mit, wenn ich ihnen die Chance gebe, ihre Kompetenz zu zeigen. Wobei ich aber keine Angst davor habe, auch zu sagen: »Das genau wollte ich nicht, sondern das Gegenteil von dem, was sie mir gesagt haben.« Derartiges Vorgehen wird leicht als Schwäche ausgelegt. Das dauert zwar länger, die Prozesse sind langwieriger, aber dafür nachhaltiger.
Wenn ich so zurückdenke, stelle ich fest, daß ich in den Bereichen, in denen ich an gesellschaftlichen Veränderungen mitwirken konnte – Strafvollzugsreform, Frauenpolitik, Neubeginn in Schleswig-Holstein – Spuren hinterlassen habe. Es gab und gibt von mir eben nicht nur Erlasse, Verordnungen und neue Gesetze, sondern wirklich Spuren, die andere weiter beschreiten, wenn ich weg bin.

Ist das frauenspezifisch oder Eva Rühmkorf spezifisch?

Ich denke schon, daß das eine »Frauenstrategie« ist. In Netzwerken und Zusammenhängen zu arbeiten, man kann auch sagen, Strukturen zu verändern.

Denken die männlichen Kollegen an all das, wenn sie Frauen in Positionen bringen, oder ist es nicht vielmehr ausschließlich die Quote, die sie treibt?

Ich glaube, tatsächlich ist es den meisten nicht ganz geheuer, und sie verdrängen massiv, was sie sich damit antun. Die Quote haben wir ja auch gegen die Männer durchgesetzt, und ich finde, sie ist ein sehr wichtiges Vehikel. Wenn ich an meine Zeit als Staatsrätin in Hamburg denke – es hat ja wunderbar funktioniert, weil da vier Frauen im Senat saßen und nicht nur zwei. Ich kann mich an eine Begebenheit aus der Zeit sehr gut erinnern: Ich brachte ein Thema aus dem frauenpolitischen Bereich ein, und die Kollegen, einschließlich Erstem Bürgermeister, hatten ganz einfach keine Lust, darüber zu reden. Nach meinem ersten Statement null Reaktion, null Nachfrage. Damit war das Thema eigentlich ad acta gelegt. Da meldete sich die Justizsenatorin, die von dem Thema selbst überhaupt keine Ahnung hatte, mit einem Beitrag dazu, und plötzlich hatten wir eine heftige Diskussion. Sie hat das gemacht, weil sie gemerkt hat, daß von den Männern ein für sie unangenehmes Thema abgebügelt wurde. Solche Erfahrungen habe ich häufig mit ganz unterschiedlichen Frauen gemacht. Insofern ist ein höherer Frauenanteil nicht nur eine quantitative Veränderung, sondern es werden auch Inhalte verändert. Das funktioniert natürlich nicht immer, ich möchte das nicht beschönigen. Mehr Frauen heißt nicht automatisch mehr Harmonie, auch nicht mehr Harmonie unter Frauen, es gibt ja auch Konkurrenz unter Frauen. Das Miteinander-Kooperieren muß auch gelernt werden, aber es findet statt, es verändert Diskussionsabläufe und damit auch Entscheidungsprozesse.

Und was haben wir als Bürgerinnen davon?

Da denke ich ganz pragmatisch: Da die Hälfte der Menschheit weiblich ist, hoffe ich, daß die Gesellschaft durch weibliche Beteiligung an Politikgestaltung der Normalität ein Stück näherkommt. Die augenblickliche Politik ist ja eigentlich absurd und anormal – eine Hälfte regiert die andere, eine Hälfte trifft die Entscheidungen über und für die andere. Ich denke, die Quote, wenn sie Schritt für Schritt erfüllt wird, führt dazu, daß weibliche Lebenserfahrungen und -zusammenhänge in allen Politikbereichen überhaupt erst stattfinden. Konkretes Beispiel: Kinderkriegen ist für alle Frauen ein Thema, egal, ob sie sich dafür oder dagegen entscheiden. Für Männer ist nur Kinderhaben ein Thema, meist kümmern sie sich dann nicht mehr drum.

Sind mehr Frauen in politischen Entscheidungen, wird diese Frage einen anderen Stellenwert bekommen. Diskussionen über öffentliche Sicherheit zum Beispiel, von der Straßenbeleuchtung bis zum Frauentaxi, also alles, was das alltägliche Sicherheitsempfinden von Bürgerinnen und Bürgern betrifft, werden anders geführt, wenn Frauen daran beteiligt sind. Männer überlegen, wie man Frauen davor warnen kann, abends im Dunkeln auf die Straße zu gehen; Frauen denken darüber nach, wo man Laternen aufstellen kann. Das ist ein qualitativ völlig anderer Ansatz, eine Stadt zu gestalten.

Gilt eigentlich ein solch weiblicher Ansatz nur in der Politik oder auch im Management?

Es scheint mir schon so, daß auch Managerinnen andere Strategien praktizieren. Gerade die jüngere Generation ist, ähnlich wie in der Politik, selbstbewußter. Mir scheint, daß die jüngeren Frauen – eben weil sie wissen, daß sie aufgrund einer guten Ausbildung fachlich kompetent sind – sich weniger als Frauen verleugnen, als es die Generation davor noch gemacht hat. Ihnen kommt entgegen, daß die Privatwirtschaft ja schon seit längerer Zeit begriffen hat, daß die sogenannten weiblichen Fähigkeiten wie Kommunikation, Kooperation, Problemorientiertheit (dabei menschen- und nicht nur sachorientiert), daß das Führungskriterien sind, die sie gern auch bei männlichen Führungskräften hätten. In diesem Zusammenhang ist es zum Teil spannend zu beobachten, zu welchen Führungsseminaren Manager der Privatwirtschaft geschickt werden, die kriegen sozusagen im Crash-Kurs vermittelt, was Frauen während ihrer ganzen Sozialisation gelernt haben. Die Privatwirtschaft hat gelernt, daß ein ganz wichtiges Führungsmerkmal darin liegt, Potentiale an Menschen aufzuspüren und zu fördern, daß zum Beispiel Verkaufsgespräche nicht nur über den Kopf laufen, sondern über die Überzeugung. Das heißt, sie bringen den Männern weibliches Verhalten bei. Und das hat die Politik noch nicht so recht gelernt, aber in der Wirtschaft gibt es auch eine direktere Erfolgskontrolle als in der Politik. Dafür glaube ich aber, daß die Managerin an der Spitze noch mehr Einzelkämpferin, noch stärker auf sich allein gestellt, noch einsamer ist. Mir fällt auf, daß die meisten Frauen in der Politik, die ich kenne, Gruppierungen von Frauen haben, bei denen sie sich »auftanken«. Das müssen keine Verbände sein, das ist auch nicht immer die eigene Fraktion, das kann ganz woanders herkommen. Wenn Männer sich in ihre Männerbünde begeben, wird da tüchtig weiter konkurriert.

Renate Schmidt

Bundestagsvizepräsidentin und Landesvorsitzende der SPD, Bayern

- *Geboren 1943 in Hanau.*
- *In der 12. Klasse des Gymnasiums wird sie schwanger und heiratet.*
- *Ausbildung zur Programmiererin; 1970 Systemanalytikerin beim Quelle-Großversand.*
- *1973 Betriebsrätin; 1975 Mitglied des Gesamtbetriebsrates.*
- *Seit 1972 Mitglied der SPD.*
- *1976 Mitglied im Landesvorstand der Gewerkschaft HBV (Handel, Banken und Versicherungen).*
- *1980 bis 1988 stellvertretende Landesvorsitzende der HBV.*
- *Seit 1980 Bundestagsabgeordnete.*
- *1987 stellvertretende Vorsitzende der SPD-Bundestagsfraktion und Vorsitzende des Arbeitskreises »Gleichstellung von Mann und Frau«; Mitarbeit in der Arbeitsgruppe »Fortschritt '90«.*
- *Seit 1991 Bundestagsvizepräsidentin.*
- *Seit April 1991 Landesvorsitzende der SPD, Bayern.*
- *Drei Kinder, zwei Enkelkinder; seit 1984 verwitwet.*

»Wir sind keine Einzelkämpferinnen mehr.«

Die Frage, ob es eine weibliche Politik gibt, möchte ich mit jein beantworten. Es gibt sicherlich eine manchmal andere Ausübung von Politik durch Frauen, und es gibt durch Frauen andere Prioritäten in der Politik. Aber das ist nicht durchgehend so, und ich wehre mich auch immer ein bißchen dagegen, Frauen als das bessere Geschlecht darzustellen. Das sind Frauen nicht, und das ist ein ungerechtfertigter Anspruch, der uns auf Dauer auch nur schaden würde. Wir haben sicherlich eine andere Herangehensweise, und wir haben eine andere Lebenserfahrung. Ich sage deutlich eine *andere,* nicht bessere, nicht schlechtere. Das bringt natürlich auch mit sich, daß wir anders handeln, andere Prioritäten setzen und, wie gesagt, anders an Probleme herangehen.

Also Frauen nicht das bessere, sondern das andere Geschlecht. Hat die andere Lebenserfahrung Auswirkungen auf den Umgang miteinander?

Im Bundestag habe ich in all den Jahren festgestellt, daß es über Fraktionsgrenzen hinweg ein gutes und teilweise kollegiales Verhältnis unter den Frauen gibt. Die Abschottung ist nicht so deutlich wie bei den Männern. Das stößt immer wieder an Grenzen, das heißt, wir müssen sehr viel Rücksicht nehmen auf Fraktionsdisziplin, eben weil wir noch so wenige sind. Je weniger Frauen in einer Fraktion sind, desto stärker ist der Druck, dem sie ausgesetzt sind.

Ist der Druck auf Frauen tatsächlich größer?

Frauen haben derzeit noch eine zusätzliche Schwierigkeit, weil sie sich – zahlenmäßig in der Minderheit – männlichen Karriere- und Erfolgsmustern anpassen müssen, wenn sie auch Erfolg haben wollen. Zum großen Teil entsprechen ihnen diese Muster gar nicht.
Ich habe das am Anfang in meiner Fraktion gesehen – 1980 waren wir noch 10 Prozent Frauen in der Fraktion, jetzt haben wir 27 Prozent –, da war das wirklich so, daß die Frauen, wenn sie ernst genommen werden wollten, selbst ihre Sprache verändern mußten. Jetzt kann ich es mir leisten, auch wenn das manchmal von Männern belächelt wird, mich so zu verhalten, wie ich es für richtig halte und wie es meinem Naturell entspricht. Das wäre vor zehn Jahren noch nicht möglich gewesen, und das liegt an der Anzahl der Frauen. Wir sind keine Einzelkämpferinnen mehr.

Sie sagen, Männer hätten die Frauen »belächelt«. Wieso wird solch ein Verhalten belächelt?

Ein winziges Beispiel: Ich hatte zu einer Sitzung zu einer ungewöhnlichen Zeit eingeladen, und ich habe dazu ein paar Floskeln geschrieben und ein paar Wünsche für diejenigen, die nicht kommen konnten, aus Urlaubsgründen und so. Das kommt Männern komisch vor, das hat den Stil eines Geschäftsbriefes verlassen, und darauf reagieren Männer dann etwa so: »Na ja, die Weiber...« Aber die Männer machen sich in meinen Augen das Arbeitsleben auch wirklich manchmal mit Vorbedacht gräßlich.

Heißt »menschlich« dann »unmännlich«?

Das würde ich so weder sagen noch meinen, sondern Männer glauben einfach, sie müßten sich eine bestimmte Attitüde zulegen, bis hin zum Spielen des Karrieremannes. Da darf dann niemals das Zugeständnis sein, daß einem das, was man macht, schlichtweg Spaß macht, daß man das gern tut, daß es durchaus nicht die große Last ist und überhaupt keine Mühsal. Ein Arbeitsessen ist häufig ganz einfach eine Sauferei mittendrin, dagegen spricht doch auch nichts. Aber bei Männern muß alles immer so schwergewichtig sein. Von den Überstunden, die gemacht werden, sind viele unnötige Überstunden, die – gemessen am Arbeitsziel – nur zur eigenen Wichtigkeit und Unentbehrlichkeit benötigt werden. Ich kritisiere das nicht, aber ich finde die dauernde Attitüde von übertriebener Ernsthaftigkeit einfach blöd. Ich arbeite auch ernsthaft, aber man darf doch mal lachen und zeigen, daß Arbeit etwas ist, was Freude macht. Männer möchten gern den Eindruck des ewig Abgehetzten spielen, der vierzehn Tage nicht aus den Kleidern gekommen ist und seit vier Wochen keine freie Minute mehr hatte. Das stimmt ganz einfach nicht. Selbst Menschen mit den belastendsten Tätigkeiten haben nicht nur freie Minuten, sondern auch freie Stunden, und die nehmen sich Zeit für Dinge, die ihnen Spaß machen – das hoffe ich jedenfalls. Das dauernde Klagen halte ich für ein männliches Lied, das gesungen wird. Von Frauen hört man das deutlich weniger.

Nun machen Frauen ja ohnehin in der Regel ihre Berufe schon unter Mehrfachbelastung.

Sicherlich, vielleicht liegt es auch daran, daß unser Leben so und so immer bunter ist. Wenn ich mir die Biographien von Frauen ansehe und feststelle, was die alles schon gemacht haben, bis sie an den Positionen sind, wo sie gerade sind. Meistens ist es nicht der erste Beruf, sondern der zweite, der dritte. Er ist häufig verbunden mit einer ganzen Menge familiärer Verpflichtungen, ob es eigene Kinder sind, ob es die Fürsorge für alte Eltern ist oder ähnliches. Es kommen jedenfalls meistens Erfahrungen aus den unterschiedlichsten Lebensbereichen hinzu, und das macht das Leben abwechslungsreicher, schöner und weniger belastend. Männer sind doch sehr auf eine Linie eingestellt, weil sie in dem einmal gewählten Beruf vorankommen und Karriere machen wollen.

Für mein Alter gibt es immer Tips in Frauenzeitschriften, die sagen, Frauen müßten auch lernen, ihre Karriere zu planen. Wenn wir das wirklich flächendeckend begännen, hielte ich das für einen Verlust an Lebensqualität für die Frauen. Ich weiß, daß man das nicht immer so machen kann wie ich, daß man eben nicht alles dem Zufall überlassen kann, und aus diesen Zufällen sich dann eine Karriere entwickelt. Aber die Chance, die in einer solchen Art von Leben liegt! Es muß als Resultat ja nicht immer das sein, was man herkömmlich unter Karriere versteht, es kann ja auch eine Karriere *als Mensch* sein, die daraus entsteht. Insofern würde ich jeder Frau raten, diesen Blödsinn von Karriereplanung seinzulassen, sondern sich einfach zu fragen: »Was will ich im Leben«, und wenn die Chancen da sind, zuzugreifen, sich zu trauen. In diesem Sich-Trauen liegt aber für Frauen ein großes Problem.

Die Aussage, »Frauen müssen besser sein«, stimmt zwar nicht mehr so sehr wie vor zehn oder zwanzig Jahren, aber sie hat schon noch Gültigkeit. Um dasselbe zu werden, müssen Frauen sehr viel mehr arbeiten, sehr viel mehr mitbringen. Die Chance einer mittelmäßigen Frau, die gegen einen gleichermaßen mittelmäßigen Mann antritt, ist immer noch sehr gering. Eine gute Frau hat gegen einen mittelmäßigen Mann heute eine gute Chance, darin liegt doch immerhin schon ein Fortschritt. Aber, und da gebe ich Alice Schwarzer recht, wir haben die volle Gleichberechtigung erst, wenn eine doofe Frau die gleichen Chancen hat wie ein doofer Mann. Und davon sind wir noch weit entfernt.

Wir sind in vielen Bereichen immer noch die Ausnahmefrauen, es trifft immer noch auf Verunsicherung bei unseren männlichen Partnern, daß wir ihrem Weltbild von Frauen so wenig entsprechen.

Eine der wesentlichsten Benachteiligungen liegt für mich aber woanders: Die ehemalige Sozialministerin von Rheinland-Pfalz, Frau Funke, hat in einer Studie die Lebensbedingungen von Männern und Frauen in gleicher Hierarchiestufe untersucht, und Sie hat festgestellt, daß bei den Männern 97 Prozent eine feste Partnerschaft hatten mit überdurchschnittlich vielen Kindern. Weil in solchen Positionen die dazugehörigen Frauen eben nicht erwerbstätig sind und deshalb lieber mehr als weniger Kinder haben. Bei den Frauen dieser Hierarchie- und Karrierestufen haben 40 Prozent keine feste Partnerschaft und keine Kinder. Das ist für mich ein ungeheurer Verlust an Lebenschancen, denn ich kann zwar respektieren, daß jemand keine Kinder will, aber ich kann mir nicht vorstellen, daß 40 Prozent ohne feste Partnerschaft leben wollen. Das ist für mich das schlimmste, daß es in bestimmten Positionen – ganz gleich ob in der Politik, der Wirtschaft oder der Wissenschaft – nur die Alternative Karriere *oder* ... gibt. Das ist bei den meisten Männern eben nicht der Fall, bei ihnen heißt es Karriere *und* ... Das ist der Punkt, der geändert werden muß, und das ist der Faden, der alle Frauen, egal, wo sie sonst stehen, verbindet.

Liegt das nicht auch an der von Männern noch immer schwer zu ertragenden Rolle als »der Mann an ihrer Seite«?

Natürlich ist das auch eine schwierige Rolle, die von der Gesellschaft noch nicht akzeptiert ist. Ich weiß das auch aus eigener Erfahrung, zum Beispiel auch die Gedankenlosigkeit der Mitmenschen, wenn man miteinander redet. Mein Freund stand neben mir, sagte etwas – und die Antwort richtete sich an mich und nicht an ihn. Das Übersehen eines Mannes, das ist schon gravierend. Die Frau an der Seite eines erfolgreichen Mannes wird zwar auch nicht unbedingt ernst genommen, aber sie wird anders zur Kenntnis genommen. Hinzu kommt, daß im Regelfall im Beruf erfolgreiche Frauen Partner haben, die noch ein bißchen erfolgreicher sind. Aber wenn zwei Karriere-Typen zusammenleben, dann geht's auch wieder. Aber das zu akzeptieren, daß die Partnerin die erfolgreichere ist, daß es vielleicht selbst nicht so ganz gereicht hat, das ist für viele Männer schon eine Zumutung.

Es gibt ja nicht selten erfolgreiche Männer mit nicht gerade intelligenten Frauen. Das Umgekehrte gibt es auffallend selten.

Ich glaube, daß wir in der Partnerschaft andere Maßstäbe setzen. Also ich finde auch gutaussehende Männer nicht unbedingt widerlich, und es ist auch nicht so, daß mir das Äußere wurscht wäre. Aber das Äußere ist niemals das Ausschlaggebende, für uns sind immer andere Dinge wichtiger. Vielleicht ist das wirklich Veranlagung, daß für Männer der optische Reiz einer Frau das Wesentliche ist, was sicher auch daran liegt, daß sie sich gern schmücken mit einer Frau. Wir fühlen uns eher geschmückt mit einem Mann, der auch was im Kopf hat. Wobei ich natürlich betonen möchte, daß es sehr gutaussehende und gleichzeitig sehr kluge Frauen gibt.

Halten Sie Macht für männlich?

Nein, ich habe diese Diskussion nie verstanden. 1981 habe ich als Abgeordnete meine erste überregionale Veranstaltung in Berlin gehabt, saß da auf dem Podium mit Susanne von Paczensky, Eva Rühmkorf und der Herausgeberin der *Courage*, und ich begriff eine ganze Weile gar nicht, wovon die eigentlich redeten, bis mir klarwurde: Macht war den Frauen suspekt, weil sie die Art der Machtausübung suspekt fanden. Deshalb plädierten sie für Macht-Abstinenz. Für mich ist Macht Einfluß haben, Verantwortung übernehmen, die Möglichkeit, Dinge durchsetzen zu können. Ich habe in all meinen Berufen niemals etwas anderes im Sinn gehabt als an die Stellen zu kommen, an denen die Entscheidungen getroffen werden. Und insofern will ich Macht haben – allerdings niemals für mich persönlich, da empfinde ich Macht eher als lästig.

Gehen Frauen als Chefinnen anders mit den Untergebenen um?

Ich glaube schon, daß ich andere Leute zu Wort kommen lasse, daß ich gern diskutiere, gern zuhöre. Nur: Irgendwann muß einer oder eine das Sagen haben, muß bestimmen, was getan wird. Man kann nicht alles durch Abstimmung oder durch Team-Verhalten lösen, sondern irgendwann muß klarsein, wer die Entscheidungen trifft.

Trauen Frauen sich weniger zu?

Die erste Reaktion bei Frauen ist meistens: »Ich kann das nicht.« Bei Männern hört man dagegen meistens: »Wie macht man das?« oder »Wie werde ich das?« Frauen haben große Versagensängste, und ich glaube, daß Frauen, die wichtige Positionen erreicht haben, den anderen Frauen einfach mal erzählen müßten von ihren Ängsten und daß sie mitnichten als zum Beispiel bayerische Landesvorsitzende oder Bundestagsvizepräsidentin geboren sind. Sondern daß der Mut und das Selbstbewußtsein die Summe der überwundenen Ängste ist. Wie das ist, wenn man Wochen vor einer Rede schlaflose Nächte hat, damit andere Frauen sich darin wiederfinden, sagen: »Aha, die hat dieselben Ängste wie ich, aber es ist gutgegangen – warum soll es bei mir nicht auch gutgehen?« Aber das Nicht-Trauen ist der eine Punkt, der zweite ist der, daß die Angst vor dem Verlust der Vielfalt des Lebens wohl auch eine Rolle spielt. Damit meine ich, sich nicht mehr so um die Kinder kümmern zu können, zu wenig Zeit für die Partnerschaft zu haben. Ich selbst war sehr lange immer in Stellvertreter-Funktion, weil das ja viel bequemer war, nach dem Motto: »Ich habe die Freiheit – anderseits wird mir zugetraut, ich kann etwas mehr. Ich bleibe unterhalb der eigenen Möglichkeiten, habe aber noch die Freiheit, anderes zu tun, und habe nicht die gesamte Verantwortung.« Das ist eine typische Frauenposition.

Anderes Beispiel: Eine Substitutin in einem großen Unternehmen soll Einkäuferin werden, aber Einkäuferin bedeutet, 14 Tage im Monat auf irgendwelchen Messen zu sein. Und sie lehnt ab mit der Begründung, daß sie Angst habe, ihren Partner zu verlieren, und daß es eine Einschränkung ihres Lebens bedeute. Das ist für mich ein zu respektierendes Motiv, weil es für mich Gott sei Dank noch ein Leben jenseits des Berufes gibt, jenseits der Politik. Und wenn das alles wegfallen würde, wären wir nicht mehr wir selbst. Das heißt, daß wir Führungspositionen verändern müssen, damit wir die Freiräume behalten. Das würde sich lohnen, aber dafür müssen wir wohl noch ein paar mehr werden.

Trifft das Männer nicht genauso? Das wäre doch eine Bereicherung der männlichen Denke?

Schon, nur die Männer werden systematisch auf anderes hin erzogen. Zeit ihres Lebens gilt der Satz »Hinaus ins feindliche Leben«, und sie werden nicht vorbereitet auf Partnerschaft, auf Kinder, also auf dieses gleichermaßen wichtige Leben. Da werden sie total unvorbereitet reingestoßen. Wenn sie das begreifen könnten, würden sie auch die Berufsstruktur ändern können.

Haben Sie Ihre Söhne anders erzogen?

Meine Söhne kämen niemals auf den Gedanken, daß eine Frau dafür zuständig wäre, Ihnen das Essen zu kochen, Kleider zu waschen oder ähnliches. Aber es geht nicht darum, daß Eltern ihre Kinder anders erziehen, sondern die Kinder müssen täglich erleben, daß es anders ist. Wenn ihnen verbal anderes erzählt wird als das, was sie sehen, kann es nicht funktionieren. Meine Söhne haben erlebt, daß sich ihr Vater die Knöpfe selbst annähte, und es hat mich auch nicht interessiert, wie es in ihren Zimmern aussah. Wenn sie ihre Schulhefte nicht gefunden haben, hatten sie die Konsequenzen zu tragen. Ich sehe nicht ein, daß jemand für die Reproduktion des anderen zuständig ist. Die Erkenntnis, daß eine gewisse Ordnung auch etwas bringt, kommt bei jedem früher oder später, weil man selbst merkt, daß der Schaden sonst viel zu groß ist.

Aber unabhängig von Ihnen persönlich: Können wir denn hoffen, daß der Druck auf die »Männer von morgen« geringer wird?

Nein, leider nicht. Alle Untersuchungen zeigen, daß sich Veränderungen im Bereich unter 10 Prozent bewegen, was die gemeinsame Aufteilung von Arbeit in der Familie betrifft, was ein anderes Rollenverständnis der Geschlechter betrifft. Es hat sich nach wie vor zu wenig bewegt. Woher soll es denn auch kommen! Es ist natürlich bequemer, wenn einem jemand das Essen kocht, die Wäsche bügelt, zu Hause aufräumt, den Kühlschrank füllt.
Und machen wir uns nichts vor, auch junge Mädchen finden anfangs ihre Rolle als Hausfrau häufig bequemer. Aber dann kommt das Kind in den Kindergarten, und dann fragen sie sich, ob das alles gewesen ist.

Waltraud Schoppe

Frauenministerin in Niedersachsen
DIE GRÜNEN

- *Geboren am 27. Juni 1942 in Bremen.*
- *Ausbildung zur Erzieherin, danach Besuch der Universität Bremen; Referendarin am Gymnasium.*
- *Mitglied der GEW; Mitarbeit in Frauengruppen.*
- *Mitglied der Bremer Bürgerinitiative gegen Atomenergie.*
- *Gründungsmitglied des Kreisverbandes Diepholz der GRÜNEN.*
- *1983 bis 1990 Abgeordnete der GRÜNEN im Bundestag.*
- *1983 bis 1990 Mitglied im Ausschuß für Jugend, Familie, Frauen und Gesundheit des Deutschen Bundestages.*
- *1984 bis 1985 Sprecherin des »Feminats«.*
- *1987 und 1990 Sprecherin der Fraktion DIE GRÜNEN im Bundestag; Kinderbeauftragte der Fraktion und Sprecherin der Kinderkommission des Deutschen Bundestages.*
- *Seit Juni 1990 Niedersächsische Frauenministerin.*
- *Mutter von zwei Kindern.*

»Wir sitzen auf dem Zaun zwischen Zivilisation und Wildnis.«

Es gibt auf jeden Fall eine Politik, die sich parteilich für Frauen versteht. Sie sollte von Frauen gemacht werden, weil man bei Männern nicht voraussetzen kann, daß sie sich den berechtigten Problemen von Frauen widmen. Ein Zweites wären die Ausdrucksformen von Politik, die doch zwischen Männern und Frauen sehr unterschiedlich sind.
Ich glaube – um mal mit den Männern anzufangen –, daß Männer dazu neigen, sich in Sachzwängen zu bewegen, weniger Kreatives einbringen. Bei Frauen ist es wohl so, daß sie schon aufgrund ihrer Sozialisation und Verankerung sowohl im Bereich der Familie als auch in der Erwerbsarbeit einen weiteren Blickwinkel einbringen. Viele Frauen haben eher im Kopf, wann man jemandem eine Freude machen kann, wann man jemanden bremsen muß und wie man dabei auch noch hinkriegt, die eigenen Bedürfnisse aufrechtzuerhalten, und haben gelernt, sich gegen Widerstände durchzusetzen. Deshalb halte ich Frauen auch für kompetenter, Politik zu machen. In Reden sind die Beiträge von Frauen oft dadurch gekennzeichnet, daß sie sich vorstellen können, was die diskutierte Maßnahme für das konkrete Leben der Menschen bedeutet. Nach meinen Beobachtungen denken Männer mehr in Sachzwängen. Wer das Leben der Menschen mehr im Kopf hat, ist konkreter und näher dran, und das ist das, was ich als weibliche Form der Politik bezeichnen würde.

Hat sich das entwickelt und mußten nicht die Frauen zunächst die männlichen Strukturen kopieren, um auf dem politischen Parkett zu bestehen?

Ich glaube, daß es da tatsächlich Entwicklungen gegeben hat. Wenn sehr wenige Frauen unter einer erdrückenden Dominanz von Männern arbeiten, dann können sie eigentlich nur überleben durch einen Akt von Mimikri, von Anpassung. Das läßt sich an vielen Frauen gerade in der Politik beobachten, die sowohl männlich forsch wie unter Vernachlässigung der Geschlechterfragen ihren Weg zu gehen versuchen.
Im Laufe der Zeit haben viele Frauen gelernt, Bündnisse zu schließen. Die Seilschaften der Männer haben uns geärgert, weil sie funktioniert haben, vor allem, um Frauen auszugrenzen. Von der Idee her ist natürlich etwas Richtiges dran, und deshalb sind im Laufe der Zeit immer mehr Frauen dazu übergegangen, Bündnisse zu schließen. Das können Frauen aus unterschiedlichen gesellschaftlichen Gruppen sein, das können Politikerinnen unterschiedlicher Parteien sein, die sich ab und zu treffen und sich miteinander beraten. Diese Bündnisse machen natürlich die Frauen stärker, ohne Zweifel gibt es ein Gefühl der Solidarität, auch wenn Differenzen klar sind. Ich denke auch, daß weibliche Politik damit steht und fällt, wie weit es gelingt, solche Bündnisse auf verschiedenen Ebenen herzustellen.
Ein qualitativer Schritt darüber hinaus ist für mich gewesen, als Frauen anfingen, nicht nur um ihr eigenes Überleben in einer Position zu kämpfen, sondern die Strukturen, in denen sie sich aufgehalten haben, zu kritisieren. Das ist die Stufe, mit der wir es heute zu tun haben. Viele Frauen sagen, die Strukturen müssen geändert werden, weil zum Beispiel in diesen Strukturen von Politik nur bestimmte Frauen arbeiten können. Entweder sind das jüngere Frauen, die bewußt auf Kinder verzichten, oder es sind ältere Frauen, bei denen die Kinder groß sind und die einfach wieder Zeit zur Verfügung haben. Die mittleren Jahrgänge mit kleinen Kindern fallen eigentlich aus, zwei

Drittel der Frauen zwischen 25 und 45 sind nicht erwerbstätig.

Gerade die Kompetenz dieser Frauen aber brauchen wir, und sie sind es auch, die sich in den letzten Jahren stärker zu Wort gemeldet haben, zum Beispiel mit dem Müttermanifest. Darin ist beides formuliert – sie sind Mütter, sie sind es gern, sie wollen mit Kindern leben, aber sie wollen nicht ausgegrenzt, abgehängt und isoliert sein. Diese Frauen sagen, die Strukturen müssen sich verändern, sonst fallen sie raus aus Erwerbsarbeit, Politik, Wissenschaft, also aus dem öffentlichen Leben. Und mit Strukturen sind vor allem Zeitstrukturen gemeint, die Rücksicht nehmen auf Aufgaben, Pflichten und Bedürfnisse neben der Erwerbsarbeit und zum Beispiel der Politik.

Es sind die fehlenden außerhäuslichen Kinderbetreuungsmöglichkeiten, die mehr sein müssen als Kindergärten, wie wir sie vor 20 Jahren gehabt haben. Man muß ein flexibles, auf die Bedürfnisse unterschiedlicher Eltern und Frauen abgestelltes Angebot an Betreuung haben. Es ist aber auch der Hinweis auf das Aufgeblasensein von Männern, die ja im Beruf und im Auftreten immer so tun, als könnte man auf sie überhaupt nicht verzichten, und so agieren sie ja auch. Also wenn kein Mann es wagt, wirklich mal aus seinem Beruf rauszugehen, weiß ich nicht, wie ein Konzept der gerechten Verteilung von Elternaufgaben verwirklicht werden soll.

Auch finanzielle Gründe lassen sich nicht immer vorschieben. Denken wir nur an Lehrerfamilien, da ist es doch wirklich wurscht, wer von beiden zu Hause bleibt. Ich glaube, viele Männer haben eine ganz starke Identifikation über den Beruf, und deshalb erhöhen sie die Berufsarbeit fast religiös. Bevor ich in die Politik kam, glaubte ich, an der Aura der Männer die Schwierigkeit des Politiker-Berufs erkennen zu können, und dachte, hoffentlich kommst du da

überhaupt zurecht. Und als ich dann drin war in der Berufspolitik, hat sich das sehr relativiert.
Der Beruf läßt sich durchaus in den Griff kriegen, und er ist nicht so schwierig, wie die Männer das immer nach außen hin darstellen. Das heißt, sie blähen Bereiche auf, umhüllen sie mit einem Nimbus und stärken ihre eigene Identifikation. Wenn also Frauen in bestimmte Berufe gehen, nehmen sie den Männern nicht nur Positionen weg, sondern sie entzaubern auch die Berufe, in die sie gehen. Das entzaubert auch die Wichtigkeit der Männer.
Ich sehe zwar das heftige Bemühen, die Frauen in ihrer traditionellen Rolle zu halten, glaube aber nicht, daß es gelingen wird. Wir haben es mit kulturellen Prozessen des Rollenwandels zu tun, die nicht umkehrbar sind. Junge Frauen heute wollen einen Beruf haben, wollen finanziell unabhängig sein, wollen Liebesgeschichten erleben und wollen Kinder haben. Und sie wollen sich im Laufe ihres Lebens möglichst nicht auf eines beschränken. Sie sind anspruchsvoll und nimmersatt und deshalb so wunderbar unerträglich.

Wollen sie das, was Männer immer hatten?

Nein, Männer denken in vielem anders, reden und reagieren anders. Männer insistieren nicht so sehr auf den Wechsel innerhalb ihres Lebens. Wenn sie irgendwo sitzen, dann klammern sie, und durch Aussitzen und tägliche Anstrengungen versuchen sie, langsam die Leiter hochzugehen. Viele Frauen sind da viel mutiger, fangen im Laufe ihres Lebens ganz von vorn an, oftmals allerdings gezwungenermaßen. Das zeichnet die Unterschiede zwischen männlichen und weiblichen Biographien aus. Für weibliche Biographien wäre es sinnvoll, die Durchlässigkeit zwischen Erwerbsarbeit und Familie zu erhöhen. Es gibt viele

Frauen, die mal ganz oben stehen wollen – mit dem riesigen Zeitaufwand, der da gefordert wird –, mit der Neugier, Grenzen zu erfahren und zu überschreiten. Wenn exponierte Jobs zeitlich begrenzt wären, hätten wir wahrscheinlich weniger Karriereverweigerinnen. Sie schmeißen sich da zeitlich begrenzt voll rein, aber dann kann wieder mal was anderes passieren, mehr Zeit für andere Dinge wird gewollt. Ich merke das an mir, sehe das auch an meinen Freundinnen: Wenn ich in irgendeiner Sache drinstecke, denke ich, das ist eine Herausforderung für mich, ich finde das toll, ich will mich ausprobieren. Da will ich wissen, was ich in mir noch mobilisieren kann, von dem ich vorher nichts wußte. Ich will auch meine Grenzen erfahren – aber mittendrin merke ich auch, auf was ich jetzt alles verzichten muß. Momentan, als Berufspolitikerin, habe ich keine Zeit zu schreiben (was ich sehr gern tue), oder ich komme nicht zum Malen, komme nicht zum Musikhören in Muße, kann nicht in Ruhe meinen Liebesgeschichten nachgehen, die natürlich aus Zeitgründen immer wieder krachen.

Also man sieht dauernd diese Beschränkung, während ich glaube, daß viele Männer da viel zurückgenommener sind. Sie nehmen die Beschränkung hin, machen Karriere, schneiden rechts und links ab, verlieren vieles. Und im Alter wird es ihnen bewußt. Deshalb ist die Zeit des Älterwerdens nach meiner Meinung für die Männer viel schwieriger als für die Frauen. Die Erfahrung der Grenzüberschreitung der eigenen Erziehung, der Rolle und der repressiven Konventionen macht stolz. Männer sind dauernd in ihren Grenzen geblieben, vielleicht sind deshalb viele alte Männer so gnatzig.

Also heißt »weibliche Politik« die umfassendere Politik?

Sie ist umfassender, wie gesagt, grenzüberschreitend. Ich sage immer: Wir sitzen auf dem Zaun zwischen Zivilisation und Wildnis, und manchmal kippen wir über in die Wildnis. Dieses Bild liebe ich, vielleicht deshalb, weil Wildnis vor allem sorgsam und schonend behandelt werden muß. Vieles ist schon erreicht, vieles muß noch erkämpft werden. Zum Beispiel die Position »Streichung des § 218«. Das war eine Position, die Mitte der 70er Jahre von linken, hauptsächlich alternativen Frauen getragen wurde, und diese Position ist reingesickert in alle gesellschaftlichen Gruppen und Parteien. Für mich ist es selbstverständlich, für die Streichung des § 218 einzutreten. Für eine CDU-Frau kann es noch heute den Verlust ihrer Position bedeuten. Es gibt heute eine gesellschaftliche Mehrheit für eine liberale Lösung und eine Bundesregierung, die dazu nicht den Mut hat. Ich bin frauenbewegt seit über 20 Jahren. Also, wenn wir uns durchsetzen wollen, brauchen wir Mut und Ausdauer.
Die Emanzipation ist aber immer noch eine subjektive Größe, und ohne persönlichen Mut geht es nicht. Auf diesem Hintergrund ist mein Konzept die Neugier. Und eigentlich bin ich richtig gierig nach dem Leben. Weibliche Politik darf nicht ängstlich sein.

Grenzüberschreitung als Begriff dafür, aus dem Rahmen herauszutreten, und sei es auch nur minimal?

Ja, und ich glaube, die Grenzüberschreitung, die viele Frauen in den letzten 20 Jahren gemacht haben, ist die, daß sie ihren Standort als Frauen im Patriarchat suchen, sie versuchen, parteilich für ihre Geschlechtsgruppe zu agieren. Als wir zu Beginn der Frauenbewegung in kleinen Zir-

keln gesessen und uns die Köpfe heißgeredet haben, als wir feststellten, daß wir nicht einzelne waren, die sich als unterdrückt empfanden, hatten wir ja den starken Wunsch, das mitteilen zu wollen. Die Erkenntnisse der Frauenbewegung sind heute überall reingesickert. Heute kann man ganz schlecht zusammenfassen, was und wer eigentlich die Frauenbewegung ist. Früher war das einfach.
Wenn ich mich recht erinnere, faßte Alice Schwarzer das in drei Punkten zusammen. Streichung des § 218, gegen die gesellschaftsspezifische Arbeitsteilung sein und für die Erwerbsarbeit für Frauen eintreten. Wer sich diese drei Punkte zu eigen machte, war Feministin. Ich halte diese Punkte für mich zwar für richtig, würde aber keine Frau aus der Gruppe »Frauenrechtlerin« ausschließen, die sich das Recht nimmt, abweichend zu den einzelnen Punkten leben zu wollen.

Kleiner Sprung: Woran merke ich als Bürgerin eine »weibliche Politik«?

Zunächst einmal ist organisierte Frauenpolitik in der Regel mittelschichtorientiert. Nun sind »Mittelschicht-Frauen zwar auch Frauen«, wie eine Freundin neulich mal sagte, aber es besteht die Gefahr, daß sie die Welt ausschließlich nach ihren Bedürfnissen organisieren.
Nehmen wir Beispiele: Der Ausbau von Beratungsangeboten wendet sich an Frauen, die davor keine Schwellenangst haben. Das Angebot von Qualifizierung und Weiterbildung setzt oft schon Qualifikation voraus, die viele Frauen, gerade in meinem Alter, nicht haben. Die feministischen Diskurse sind in ihrer Art oft vielen unverständlich, na ja und so weiter. Weibliche Politik muß die unterschiedlichen Lebensentwürfe und Möglichkeiten der Frauen in den Blick nehmen. Wir berufstätigen Frauen vergessen, daß heute

zwei Drittel der Frauen anders leben. Für mich heißt weibliche Politik klipp und klar, Frauen sind nicht zu vereinnahmen, sondern in ihrer Unterschiedlichkeit zu sehen. Es sind von der Politik Angebote zu machen, die die Unterschiedlichkeit der Frauen respektiert und nicht versucht, *ein* Lebensmodell als *die* Ausdrucksform der Emanzipation zu erklären.

Ich halte die oft zitierten Patchwork-Biographien von Frauen für sozialer als die Erwerbsbiographien von Männern. Oder besser ausgedrückt: Die Erwerbsbiographie ist tendenziell asozial, weil sie keinen Raum und keine Zeit läßt für die Sorge um Kinder, Alte und Kranke oder andere, die es nötig haben, umsorgt und gepflegt zu werden. In diesen »anderen Leben« der Frauen liegt für mich was Transzendentes, und das macht mich stolz.

Desweiteren halte ich es für unbedingt nötig und als Ausdruck selbstbewußter Weiblichkeit, wenn es Frauen gelingt, sich von den Beurteilungen, Normen und Wertvorstellungen der Männer zu befreien. Das ist für mich Emanzipation: *e manu capere* – aus jemandes Hand herausnehmen.

Ich hasse die Beschränktheit in der Frauenpolitik. Damit meine ich zum Beispiel den Glauben daran, daß mit härteren Strafen und der Ausweitung eines Straftatbestandes, Probleme wie Vergewaltigung oder andere Gewalt gegen Frauen in den Griff zu kriegen sind. Es ist ein Trugschluß, in einer repressiven Gesellschaft Möglichkeiten und Spielräume für Frauen erweitern zu wollen, das kann nur in einer offenen Gesellschaft passieren, deshalb sind der Erhalt und Ausbau einer demokratischen Gesellschaft für mich unumstößlicher Bestandteil von Frauenpolitik.

Die Lust am Leben, die Neugier, es begreifen zu wollen und es über alle Sinne zu packen, das sehe ich bei vielen Frauen, vielleicht ist das weibliche Politik.

Helga Schuchardt

Ministerin für Wissenschaft und Kultur
in Niedersachsen
Parteilos

- *Geboren am 2. August 1939 in Hannover.*
- *Physikalisch-Technische Assistentin; Ausbildung zur Ingenieurin für technische Physik.*
- *1965 bis 1972 Ingenieurin bei der Deutschen Lufthansa.*
- *1970 bis 1972 Mitglied der Hamburgischen Bürgerschaft.*
- *1972 bis 1983 Mitglied des Deutschen Bundestages.*
- *1981 bis 1983 Präsidentin des Kuratoriums der Deutschen Stiftung für internationale Entwicklung (DSE).*
- *1983 bis 1987 Kultursenatorin der Freien und Hansestadt Hamburg.*
- *1988 bis 1990 Honorarvertrag mit der Deutschen Lufthansa, Beratung im Bereich des Sponsoring.*
- *Seit Juni 1990 Niedersächsische Ministerin für Wissenschaft und Kultur.*

Helga Schuchardt tritt 1965 in die FDP ein. Von 1975 bis 1980 ist sie Vorsitzende des Landesverbandes Hamburg. 1970 wird sie in den Bundesvorstand gewählt und ist von 1974 bis 1977 Vorsitzende des Bundesfachausschusses für Bildung und Wissenschaft ihrer Partei. 1982 tritt sie aus der FDP aus, legt alle Parteiämter nieder und scheidet aus der FDP-Bundestagsfraktion aus. Kurz darauf wird sie Vorsitzende des Sprecherrates des Bundesverbandes der Liberalen Vereinigung.

Weibliche Politik – das bedeutet für mich, andere Prioritäten zu setzen, andere Umsetzungsstrategien anzuwenden, ein ganz anderes Verhältnis zur Macht. All dies ergibt sich aufgrund einer anderen Sozialisation, anderer Lebenserfahrungen.
Wir brauchen also nicht nur deshalb mehr Frauen in der Politik, um die Interessen von Männern und Frauen gleichberechtigt zum Zuge kommen zu lassen, sondern vor allem auch, um bestehende Strukturen zu verändern. Natürlich ist die derzeitige Politik noch wesentlich bestimmt von den männlichen Interessenfeldern. Ich persönlich habe einige Zeit gebraucht, ehe ich im Laufe meines politischen Lebens selbst die Erfahrung gemacht habe oder besser, bevor ich aus meinen persönlichen Erlebnissen die richtigen Schlüsse gezogen habe. Denn ursprünglich bin ich angetreten mit der Überzeugung, Männer und Frauen sind gleichberechtigt, und wir Frauen müßten uns nur dem Wettbewerb stellen, dann würde sich schon alles in gleichen Chancen ergeben. Im Laufe meines Berufslebens mußte ich dann feststellen, daß das mitnichten so ist. Nicht nur, daß ich als Ingenieurin bei Lufthansa zu Beginn erst mal eine Besoldungsgruppe niedriger eingestuft wurde als meine männlichen Kollegen, sondern mir wurde auch klar, daß ich als Frau in meinem Beruf wohl kaum eine Chance hatte, meinen Schreibtisch – sprich meine Position – zu verändern. Und die Vorstellung, vom selben Schreibtisch aus in Pension zu gehen, an dem ich meinen Beruf gestartet hatte, war mir ein Greuel. Heute bin ich überzeugt, daß meine Entscheidung, in die Politik zu gehen, dadurch unterschwellig erleichtert wurde. Aber ich gebe zu, die Tatsache, daß diese Erfahrungen typisch weibliche sind, ist mir erst später klargeworden. Mitte der

sechziger Jahre akzeptierte man diese unterschiedlichen Behandlungen mehr oder weniger kritiklos. Trotz dieser persönlichen Erfahrung also wurde ich erst sehr viel später dieser Problematik gegenüber sensibilisiert. In der Politik stellte sich das zunächst anders dar, denn in der FDP, der ich damals angehörte, hatten Frauen in den sechziger und siebziger Jahren relativ mehr Chancen als in den beiden großen Parteien. Ich bin sogar davon überzeugt, daß meine Chancen größer waren als die meiner männlichen Jungdemokraten-Freunde. Nach dem Motto, wenn schon ein Jungdemokrat zu berücksichtigen ist, dann am besten eine Frau. So waren zwei Konzessionsmotive mit einer Klappe geschlagen.
Als Bundestagsabgeordnete wurde ich dann in meinen Sprechstunden gezielt von Frauen aufgesucht – und da klickerte es bei mir so langsam. Natürlich gab es eine Fülle von spezifischen Frauenschicksalen und -problemen, die die betroffenen Frauen auch nur mit Frauen besprechen wollten. Also zum Beispiel die 75jährige, vier Kinder großgezogen, Kriegerwitwe, Trümmerfrau, Unglaubliches für die Gesellschaft bewirkt, aber wegen zu kurzer Berufstätigkeit der Rentenversicherung nur 370,– DM wert. An solchen Beispielen ist mir dann immer klarer geworden, daß von Frauen in der Politik aktive Parteinahme für die Interessen der Frauen abverlangt werden muß. Es gibt nun mal frauentypische Schicksale, die in männlicher Politik auch keine Berücksichtigung finden werden, weil dort andere Interessenlagen vorherrschen. Wir haben es allerdings leider auch als Frauen nicht geschafft, uns über die Parteigrenzen hinweg zu solidarisieren, um dieser Frauengeneration das zuzubilligen, was ihnen zusteht. Bis heute nicht. Herausgekommen ist zum Beispiel in der Rentenversicherung eine ganz und gar unbefriedigende Lösung bei der Berücksichtigung von Kindererziehungsjahren. Es wurde schlicht ein soziales Trinkgeld.

Ich bin davon überzeugt, daß die Denkstrukturen von Frauen und Männern sehr unterschiedlich sind. Männer orientieren sich eher an einer Sache, Frauen haben eher eine am Bedürfnis der Menschen orientierte Denke. Nehmen wir nur mal den Umweltschutz: Männer fragen, was unsere Gesellschaft leisten kann – und sie meinen, was unsere Wirtschaft leisten und unser System bezahlen kann. Frauen fragen danach, was für uns Menschen und für unsere Kinder nötig ist, und halten es für selbstverständlich, daß dafür Mittel bereitzustellen sind. Für Frauen hat – in der Familie wie in der Politik – das Überleben der Menschen Priorität, und es ist für sie selbstverständlich, daß für die Sicherung des Lebens auch Geld da sein muß. An diesen unterschiedlichen Denkweisen orientiert sich natürlich auch die jeweilige Strategie des Handelns. Wie ist es nur möglich, daß Männer, die in großen Unternehmungen Verantwortung tragen, selbst Kinder haben, zum Beispiel die Verklappung von giftigen Stoffen in der Nordsee für unumgänglich halten, nur weil bestimmte Produkte angeboten oder Produktionsmethoden durchgehalten werden müssen, um die Konkurrenzfähigkeit ihres Unternehmens zu erhalten? Wo bleibt da die Verbindung zwischen der Verantwortung als Unternehmer und der des für die Zukunft verantwortlichen Familienvaters? Natürlich gibt es Männer mit diesen eher weiblichen Denkstrukturen – und umgekehrt. Deshalb kann und muß man in bestimmten Bereichen Bündnisse mit Männern schließen. Dennoch: Die größte Verantwortung in unserer Gesellschaft liegt bei den Frauen, weil der lebensnotwendige Umdenkprozeß von einer männerorientierten Politik sicher nicht kommen wird.
Die andere Denke von Frauen spiegelt sich natürlich auch im Sprachgebrauch wider. Da gibt es Begriffe wie »Sachzwang«. »Sach-Zwang« – was ist das eigentlich? Männer realisieren in der Regel nicht, daß ein »Sachzwang« in den

seltensten Fällen etwas Objektives ist. Sie akzeptieren etwas als Sachzwang, was sie davon entbindet, sich mit der Sache und ihrer Einbindung in einen Gesamtzusammenhang auseinanderzusetzen. Und mit diesen »Sachzwängen« machen sie dann Politik, dergestalt, daß ein politischer Gegner, der einen solchen Sachzwang nicht zur Kenntnis nimmt, schon mal als uneinsichtig apostrophiert werden kann. Positionen, die solchen Sachzwängen widersprechen, haben es auf der politischen Bühne schwer. Ich kann mich nicht erinnern, jemals von einer Frau einen solchen Sachzwangpopanz gehört zu haben.

Unter Männern findet man deshalb auch viel mehr sogenannte Fachidioten als unter Frauen. Dieses Fachidiotentum erhält natürlich ein positives Prädikat, man erweist sich als Mann seines Faches, als Fachmann. Gern genommen ist auch der Spezialist. Die Anerkennung begründet sich in der Tiefe der Durchdringung eines Sektors, nicht in der Breite der Bezüge zu anderen Herausforderungen. Das Schöne daran ist, man kommt selten anderen ins Kompetenzgehege. Das vermeidet Konflikte und gefährdet nicht die Hochachtung dem anderen Fachmann gegenüber. Dies ist eine besondere Form von Autoritätshörigkeit, die einem ein Hinterfragen abnimmt und das Vernetzen von Problemstellungen nur dort vornimmt, wo es der eigenen Fachsicht entgegenkommt.

Männer stellen eine direkte Verbindung zwischen Leistung und Geld her. Leistungen, die traditionell von Männern erbracht werden, erreichen deshalb auch entsprechenden »Verdienst«. Die politische Formel »Leistung muß sich lohnen« – natürlich ist damit Geld gemeint – ist eine typisch männliche. Eine Mehrbelastung, sei es eine steuerliche oder höhere Sozialabgaben, etwa, um die Kindererziehung oder das Ehrenamt besser dotieren zu können, liegt außerhalb des Zumutbaren. Solange diese Form von Ungerechtigkeit nicht ins Lot gekommen ist, wird sich wohl auch nichts ändern.

Frauen haben dadurch bedingt ein anderes Verhältnis zur Macht. Natürlich sind Machtstrukturen von verschiedenen Faktoren bestimmt. Ein Faktor des heutigen Machtverständnisses gründet sich weitgehend auf Geld, sei es Vermögen oder Einkommen. Dabei geht es nicht allein um das eigene Einkommen, sondern um die Hochachtung denen gegenüber, die darüber verfügen. Das macht auf die meisten Männer einen ungeheuren Eindruck. Nach dem Motto: Wer viel Geld hat oder »verdient«, hat dies ja durch Leistung erzielt, also hat er auch Anspruch zu dominieren. Ich bin sicher, daß Frauen diesem Phänomen gegenüber bei weitem nicht so anfällig sind.
Wenn wir aber diese so motivierten Machtstrukturen nicht ändern, ändert sich gar nichts.

Frauen sind in der Politik risikobereiter. Nach der »Wende« 1982 wurde ich häufig gefragt, warum sich innerhalb der FDP fast alle Frauen gegen diesen Schritt gestellt haben. Denn natürlich haben sie es in dem vollen Bewußtsein getan, daß damit ihre politische Karriere beendet sein könnte. Aber der Unterschied zu Männern liegt darin, daß Frauen ihre Sicherheit nicht aus ihrem Job beziehen. Das macht sie risikobereiter. Schon wenn eine Frau eine bestimmte politische Funktion erlangt hat, hat sie diese durch einen eher zähen Kampf erreicht. Denn Frauen müssen sich, sowie sie sich in den Raum der Öffentlichkeit begeben, sehr viel mehr kritische Blicke gefallen lassen. Das fängt – wie sattsam bekannt ist – beim Aussehen und der Kleidung an und geht nahtlos über in die Zuordnung zur

»Minderheiten-Position«, die man als Frau naturgemäß vertritt. Weil dem so ist, gehen Frauen unbeirrter ihren Weg, wenn sie ihn mal betreten haben. Sie haben viel weniger Furcht zu verlieren und deshalb mehr Mut zum Risiko. Denn wer nicht bereit ist zu verlieren, hat keine Chance zu gewinnen. Wer immer auf der sicheren Seite der Mehrheit ist, verändert gar nichts. Nur Menschen, die den Mut zur Minderheit haben, verändern auch etwas. Und in der Minderheit findet man mehr Frauen als Männer.

All diese genannten strukturellen Unterschiede bedingen natürlich auch andere Handlungsweisen von Frauen, ein anderes Verhalten, ein anderes Miteinanderumgehen. So sind unsere Kommunikationsmuster weniger hierarchisch. Ich bin von einem fest überzeugt: Die Meinung eines Untergebenen wird von Frauen genauso ernst genommen wie die des Vorgesetzten, wenn diese Meinung weiterführend ist. Generell habe ich die Erfahrung gemacht, daß Frauen ihre Untergebenen viel selbstverständlicher zu Wort kommen lassen. Dies wird übrigens nicht selten als Schwäche verstanden. Wenn etwa ein Sachverhalt dargestellt werden soll, bitte ich die Person, die diese Sache auch bearbeitet, um eine kurze Darstellung. Sofort nimmt der vorgesetzte Mann dem- oder derjenigen erst mal das Wort weg, um deutlich zu machen: »Ich bin hier der Obermops.« Das halte ich für typisch männlich. Manche Männer stelle ich mir morgens vorm Spiegel vor, wie sie sich anschauen und immer wieder bewundernd zu sich selbst sagen: »Du bist jetzt was!« Ich glaube, das haben Frauen nicht nötig. Wenn sie »was sind«, sind sie es selbstverständlicher, ohne Aufbläh-Effekte. Unter diesem Stichwort reicht es schon, sich Parlamentsdebatten anzusehen – dann merkt man am deutlichsten den Unterschied zwischen männlicher und weiblicher Politik.

Rita Süssmuth

Präsidentin des Deutschen Bundestages
CDU

- *Geboren am 17. Februar 1937 in Wuppertal.*
- *1956 Abitur in Rheine; 1956 bis 1961 Studium der Romanistik und Geschichte in Münster, Tübingen und Paris; erstes Staatsexamen; Postgraduiertenstudium in Erziehungswissenschaft, Soziologie und Psychologie; 1964 Promotion zum Dr. phil.*
- *1963 bis 1966 Wissenschaftliche Assistentin an den Hochschulen Stuttgart und Osnabrück.*
- *1966 bis 1980 Lehrtätigkeit als Professorin für Erziehungswissenschaft an verschiedenen Hochschulen; 1982 bis September 1985 Direktorin des Instituts »Frau und Gesellschaft« in Hannover.*
- *1971 bis 1985 Mitglied des Wissenschaftlichen Beirats für Familienfragen beim Bundesminister für Jugend, Familie und Gesundheit.*
- *1980 bis 1985 Vizepräsidentin des Familienbundes der Deutschen Katholiken (FDK).*
- *1982 bis 1985 Vorsitzende der Kommission »Ehe und Familie«.*
- *Präsidentin des Deutschen Volkshochschulverbandes.*
- *Seit 1981 CDU-Mitglied.*
- *1983 Vorsitzende des Bundesfachausschusses für Familienpolitik der CDU.*
- *Seit 1986 Bundesvorsitzende der Frauen-Union der CDU.*
- *Mitglied des Präsidiums der CDU.*
- *Mitglied des Bundestages seit 1987.*

- *26. September 1985 bis 5. Juni 1986 Bundesministerin für Jugend, Familie und Gesundheit, 6. Juni 1986 bis 25. November 1988 Bundesministerin für Jugend, Familie, Frauen und Gesundheit.*
- *Seit 25. November 1988 Präsidentin des Deutschen Bundestages.*
- *Verheiratet, eine Tochter.*

»Es geht um Überlebensfragen der Menschheit.«

Eine weibliche Politik gibt es. Aber sie ist erklärungsbedürftig, denn hier ist nicht der Vergleich gemeint, daß die weibliche Politik die bessere gegenüber der männlichen ist, sondern zunächst erst einmal folgendes: Es gibt Unterschiede, es gibt Frauen, die wie Männer Politik machen, und es gibt Frauen, die sie anders machen. Allerdings möchte ich klarstellen, daß man auch innerhalb der sogenannten männlichen Politik stark differenzieren muß.
Sprechen wir also jetzt von den Unterschieden zu dem, was wir klischeehaft als männliche Politik bezeichnen. Da möchte ich auf drei Aspekte eingehen: Der erste ist die Frage, gibt es einen Unterschied in den Fragestellungen? Der zweite, gibt es Unterschiede in den Antworten? Und drittens: Es gibt den Unterschied im Umgang mit Politik.
Der Unterschied in den Fragestellungen ist an vielen Exempla zu demonstrieren. Er resultiert zum einen aus den allgemeinen, von der männlichen Politik vernachlässigten Bereichen, wenn es zum Beispiel um Kinder geht oder um die soziale Sicherung der Frauen oder neue Fragestellungen in der Wohnungswelt, so geplant, wie sie über einen langen Zeitraum im Nachkriegsdeutschland von Männern im sozialen Wohnungsbau geplant worden sind, nämlich wie Werkstattboxen, als Einzelarbeitsplatz.
Ein anderes Beispiel aus eigener Erfahrung. Es war für mich kaum vorstellbar, daß die Frage nach der sozialen Sicherung von Frauen im Rentenbereich derart blockiert war durch ein etabliertes, traditionelles Denkmuster, das da lautet: Renten erhält man durch Beiträge in der Erwerbsarbeit. Daraus wurden dann auch alle Maßnahmen zur Unterhaltsvorsorge für Frauen abgeleitet bis hin zum Hinterbliebe-

nenrecht. Und die Frauen wundern sich dann, daß sie weniger Rente bekommen als Männer. Für dieses System gibt es einen breiten Rahmen von zum Teil fragwürdigen Argumentationen wie zum Beispiel, daß Frauen wirtschaftlicher haushalten können als Männer, daß für sie weniger Kosten anfallen. Das alles ist Vorwand, der Punkt ist: Frauen haben keine eigenen Beiträge gezahlt. Eine Lösung dieses Problems scheitert immer an der Antwort: »Das läßt das System nicht zu.« Hier liegt ein kardinaler Unterschied zum Vorgehen von Frauen: Sie formulieren ein Problem und suchen sehr ziel- und damit handlungsgeleitet Problemlösungen. Im vielleicht länger sozialisierten politischen Handeln von Männern haben Systeme nahezu ewigen Geltungsgrad. Sie bestimmen das Handeln der Menschen, Männer fragen zunächst nicht: Wie löse ich das Problem, sondern: Wie ist das System, und wie paßt dieses Problem in solche Systeme. Sie haben natürlich auch ihre Funktionen, wir brauchen Systeme, auch Regulative und Ordnungsmuster. Aber die leitende Frage muß sein: »Was leisten sie für die Lösung der Probleme von Menschen?«

Aus der bisherigen Erziehungs- und Sozialgeschichte von Frauen resultiert auch ein Weiteres, das bei Männern in höherem Maße verlorengegangen ist: Es geht um die Frage, nach welchen Kriterien Probleme gelöst werden. Der Unterschied besteht darin, daß im gängigen »männlichen« System die Effizienz ein dominantes Kriterium ist. In den Fragestellungen von Frauen ist das Kriterium der Verträglichkeit für die Menschen unverhältnismäßig stärker ausgeprägt. Das heißt noch nicht, daß sie dieses Kriterium auch schon politisch durchsetzen. Die größten Chancen, diese »Menschenverträglichkeit« durchzusetzen, haben Frauen immer in Umbruchphasen, zu Zeiten von Brüchen, Krisen und Katastrophen, nicht vorher. Der sogenannte Pflegenotstand zum Beispiel gibt ihnen die Möglichkeit zu fragen:

Schaut Euch den Stellenwert der Apparate-Medizin an, es scheint, als sei sie das einzige, was noch in der Diagnostik und Therapie zählt.
Wenn in dieser Gesellschaft nicht künftig die weiblichen Zugänge, sogar Fragestellungen und die daraus resultierenden – ganz andersartigen – Antworten ihren Platz finden, werden wir nicht in der Lage sein, unsere Zukunftsaufgaben zu lösen. Alle großen Denker und Denkerinnen haben uns klargemacht, daß wir von unseren alten Schablonen wegmüssen. Wir müssen Getrenntes wieder zusammenführen. Dabei sind uns jedoch viele Schlüsselfragen abhanden gekommen. Im Augenblick sind viele bestürzt über die mangelnde Akzeptanz des europäischen Integrationsgedankens – bisweilen wird gesagt, die Menschen seien wieder so provinziell, ließen sich von selbstgemachten Ängsten, von Egoismen leiten. Aber so einfach sollten wir es uns nicht machen, sondern tiefer fragen: Warum sind für die Menschen im Augenblick Regionalität, Kleinräumigkeit, Überschaubarkeit so wichtig? Diese Frage muß in bezug zu den Bedingungen und Möglichkeiten menschlichen Verhaltens gestellt werden. Alles, was wir aus der Entwicklungspsychologie des Menschen gelernt haben, der sich zum Beispiel als Kleinkind erst Geborgenheitsräume schaffen muß, um sich dann später öffnen und auf seine Umwelt zugehen zu können, scheinen wir in der Politik zu vergessen. Vielfach herrscht die irrige Auffassung, der globale Zusammenhang sei einzig entscheidend und ausreichend für die Menschen, um sich daran zu orientieren. Ich glaube, hier gibt es eine größere Zahl von Frauen, die mehr Bezug zum Menschen und seinen tatsächlichen Bedürfnissen haben: ein Erfahrungswissen, das näher beim Menschen liegt. Daraus erwächst allerdings auch wieder der Vorwurf, die Frauen seien zu sozial orientiert und nicht sachbezogen genug. Doch zeigen die genannten Beispiele, daß eigentlich die

Beziehung zwischen Mensch und Sache zusammengehört, nur wir haben sie getrennt, zuerst analytisch und dann im praktischen Handeln.

Das müßten Männer doch aber auch so sehen?

Ja, das ist auch eine Chance. Es ist eine Chance für das Politikverständnis, in dem die kommunikativen Prozesse immer dringlicher werden. Und zwar nicht nur bei den politisch Gewählten und Verantwortlichen, sondern ganz allgemein im Kommunikationsprozeß von Menschen verschiedener Altersgruppen, verschiedener Berufszugehörigkeiten und aus verschiedenen Lebenswelten. Wenn es darum geht, dies umzusetzen, dann muß zunächst gefragt werden: Was stellt sich denn dazwischen, wo liegen die Störungen in der Kommunikation?

Bei dem Wort »weibliche Politik« stellt sich bei Männern doch schnell eine gewisse Ablehnung ein. Warum aber werden Frauen immer noch nicht wirklich ernst genommen? Warum traut ein Großteil der Männer – aber auch der Frauen – den Frauen nicht das zu, was er den Männern zutraut? Warum geht von den Frauen nicht in dem Maße wie von Männern so etwas wie Sicherheit, Stabilität, Zustimmung aus? Wenn die Vorgehensweise eines Mannes in herausragender Position kritisch betrachtet wird, steht dieselbe Handlungsweise bei einer Frau unter viel schärferen Kriterien auf dem Prüfstand. Nun gibt es Einwände gegenüber Frauen, die auch geschichtlich begründbar wären: Frauen haben viel weniger Erfahrung in politischer Verantwortung. Aber Frauen traute man allerdings nicht nur in der Politik keine Verantwortung zu, sondern genauso wenig in der Wirtschaft – also immer dort, wo es um mehr als die häusliche Verantwortung geht. Denn da wurde den Frauen ja immer schon alles zugemutet und

zugetraut: Es ist doch verwunderlich, daß Frauen so viel in der Kindererziehung anvertraut wurde, wenn ihnen insgesamt Führungsqualitäten abgesprochen werden. Warum sonst heißt es ständig: Kann sie führen, effizient eine Arbeit organisieren? Ganz zu schweigen von dem Vorwurf, Frauen seien zu emotional, arbeiteten zu wenig mit dem Kopf, vor allem in einer Gesellschaft, die ganz und gar auf Rationalität und Effizienz setzt.
Das sind die klassischen Einwände gegen Frauen in Führungspositionen mit allen bekannten Vorurteilen. Aber es gibt noch weitere Vorbehalte: Wer sind die in der Politik »erfolgreichen« Frauen? Vermutlich fallen uns dieselben Namen ein. Es sind vor allem die Frauen, die sich am stärksten dem männlichen Muster angepaßt haben. Wenn Frauen erfolgreich sein wollen, müssen sie sich also an die tradierten Regeln halten und im vorgegebenen – männlichen – Rahmen agieren. Ist dann überhaupt Raum für neue Denkansätze, die ich jetzt für dringend erforderlich halte? Denn es geht um Überlebensfragen der Menschheit. Die Erfahrung zeigt also, daß sich das Neue überhaupt noch nicht Raum verschafft hat. Erfolgreich sind die Frauen, die sich am weitesten den vorgegebenen, sogenannten »allgemein anerkannten« Verhaltensmustern fügen. Die Frauen, die sich den gängigen Wirtschaftsstrukturen anpassen, haben viel mehr Chancen, als die, die in dieser Übergangszeit über Veränderungen nachdenken. Als ein Grund für das »Nicht-anders-sein-Wollen-oder-Können« von Frauen wird angeführt, daß sie mit der eigenen Identität überhaupt keinen Bezugsrahmen und keinen Geltungsrahmen haben. Daher werde also die Identität an dem ausgebildet, was anerkannt sei, und das erfolge durch Männer. In der Konsequenz heißt das: Frauen, die diese Strukturen ablehnen, sind natürlich auch dagegen, sich in bestehende Institutionen und Handlungsmuster zu integrieren. Dieser

Konflikt besteht zwischen den »autonomen Frauen« und den in Parteien oder Verbänden organisierten, sei es in der Gewerkschaft oder vor allem auch in der Frauengleichstellungspolitik. Wahr ist, daß die meisten Frauenbeauftragten in den vorgegebenen administrativen Strukturen nur bedingten Handlungsspielraum und Einfluß haben. Trotzdem: Was wäre denn passiert ohne diese Frauenbeauftragten, die sich in dem Balanceakt zwischen Anpassung und Veränderung völlig aufgerieben haben? Dennoch wurde eine Menge bewegt. 1985 zählten wir 35 Frauenbeauftragte, heute (1992) weit über 1000. Den Männern ist auch klar, daß sie die Frauen brauchen, wenn sie überhaupt noch Menschen erreichen wollen. Und sie brauchen die Frauen, wenn sie akzeptiert sein wollen. Kann sich heute ein Unternehmen oder eine Partei noch leisten, einen Vorstand ohne Frauen vorzustellen?

Sind das inhaltliche Erkenntnisse oder rein numerische Antworten?

Ich glaube nicht, daß in Betrieben und Vorstandsetagen wirklich eine sehr tiefgehende Auseinandersetzung mit dem Frauenproblem stattfindet. Man weiß, daß mindestens eine Frau im Vorstand notwendig ist, also wird möglichst eine Kandidatin ausgesucht, die besonders pflegeleicht ist. Sollte es davon mehrere geben, bekommen sie unter Umständen auch ein Vorstandsamt. Nicht immer wissen die Frauen, wie sie zugleich instrumentalisiert werden. Sie freuen sich zunächst, während andere Frauen das sehr kritisch beobachten.

Gehen diese Frauen dann anders mit ihrer Position um?

Das ist sehr unterschiedlich. Es gibt Frauen, die mit großem Nachdruck darauf verweisen, daß sie in einer bestimmten Position seien wegen ihrer Qualifikation. Diese Frauen betonen, ganz anders zu sein und die Benachteiligung und Diskriminierung von Frauen nie erlebt zu haben. Doch es gibt eine große Zahl, die Diskriminierung erfahren hat und bewußt etwas anderes möchte.

Auf der einen Seite sind die Frauen durchaus im Kommen – ihre Anteile im Erwerbsleben erhöhen sich –, sie streben politische Mandate an, übernehmen Ämter und Führungspositionen. Und auf der anderen Seite erleben wir viel Stagnation. Wir bewegen uns inzwischen mitunter im Feld der Frauenpolitik nicht mehr auf den Kern zu, sondern agieren an den Rändern. So wichtig zum Beispiel das Gleichstellungsgesetz im öffentlichen Dienst ist, so halte ich dies doch nur für einen Teil der Frauenpolitik. Aber es ist ungleich leichter durchzusetzen als einschneidende Fortschritte in der sozialen Sicherung. Natürlich spielen hier auch finanzpolitische Gründe eine Rolle. Aber darin steckt noch eine andere Gefahr, nämlich die Abwehr der Männer mit »Argumenten« wie: Es sei doch genug, es sei schon viel erreicht, nun müsse Schluß sein.

Ein weiterer Einwand: Ich habe bisher noch nicht erleben können, daß diejenigen, die sich für Frauen politisch engagiert haben, daraus für ihre Karriere Vorteile gezogen hätten. Ich kann also Frauen gut verstehen, die sich mit Frauenpolitik gar nicht erst befassen wollen. Sie ziehen es vor, in die Wirtschafts-, Finanz-, Umweltpolitik zu gehen, weil all jene, die an das heiße Eisen der »Frauenpolitik« herangehen, als störend empfunden werden. Und wenn sie das ein paar Jahre gemacht haben, lassen sie resigniert davon ab. Am Ende sehen sie dann, welche Sisyphusarbeit sie betrieben haben: Immer wieder erneut Vorstöße gemacht haben, ohne wirklich durchzukommen. Inzwischen komme ich frauenpolitisch zu dem Schluß, daß wir Frauen, die sich für die notwendigen Veränderungen in Wirtschaft, in Umwelt, in Finanzen, in Stadtentwicklungsplanung einsetzen, in diese Politikfelder bringen müssen, damit der Druck, sich einseitig frauenpolitisch zu engagieren, von ihnen genommen wird. In einem der gängigen Ressorts können sie einfach viel mehr erreichen für die Frauen. Andererseits sehe ich aber auch die Gefahren: Denn in dem Maße, wie das frauenpolitische Thema nicht mehr Sonderthema ist, könnte es früher oder später verlorengehen. Deswegen befinden wir uns gegenwärtig noch in einer ganz schwierigen Zwischenphase – wir müssen die frauenpolitischen Themen in die allgemeine Politik integrieren, aber nicht zu schnell, sonst laufen wir Gefahr, daß unser Anliegen verlorengeht.

Das ist ja zweierlei: Das eine ist der Politikbereich Frauen, das andere ist der frauenpolitische Aspekt in jedem Politikbereich. Machen Frauen da Dinge anders?

Frauen, die mit dem Ziel, Veränderungen herbeizuführen, in Behörden kommen, stellen täglich fest, daß es schon eine Struktur gibt. Bei jedem Aktenvorgang wird ihnen neu bewußtgemacht, daß in einer Institution die Dinge schon nach bestimmten Regeln gehandhabt werden. Da ist es eine immense Sisyphusarbeit, in einem geregelten Betrieb etwas zu verändern. Die Frauen verbrauchen sich und verlieren an Energie aufgrund der vorgegebenen Strukturen. Ich möchte folgendes deutlich machen: Der Wille zur Veränderung muß in Verbindung gesehen werden mit den Bedingungen, unter denen überhaupt etwas geändert werden kann.

Es gibt dennoch Beispiele, daß es nicht nur bei der Absicht geblieben ist, etwas anders machen zu wollen, sondern in denen die Veränderungen schon eingesetzt haben. Von Frauen ist in den letzten Jahren viel Innovation in unserer Gesellschaft ausgegangen. Die Selbsthilfegruppen von Frauen im Gesellschafts-, Sozial- und Umweltbereich sind ein gutes Beispiel. Sie haben unter anderem Einfluß gehabt auf eine Veränderung des Verhältnisses zwischen Arzt und Patient. Die Hierarchie wurde aufgebrochen. Die Patienten sind selbstbewußter, kritischer geworden, sie fragen nach. Die Selbsthilfegruppen haben auch dazu beigetragen, daß Fachsprache zugunsten Allgemeinverständlichkeit gewichen ist und die Diagnose dem Patienten ebenso erklärt wird wie die Wirkung der verschriebenen Medikamente. Auch die Frage nach Behandlungsalternativen stellt der selbstbewußte Patient heute und kann von seinem Arzt Antwort erwarten. Diese Veränderungen sind maßgeblich den von Frauen initiierten Selbsthilfegruppen zu verdanken. Auch im Bereich der Kinderbetreuung haben Frauen die Defizite aufgedeckt, sie haben sich für Mütterzentren, Tagesmütter, Kinderhäuser, Spielgruppen, Nachbarschaftshilfe engagiert und damit der Politik deutlichgemacht, was sie wirklich brauchen. Zunächst hat dies allgemeine Irritation und auch Ablehnung hervorgerufen. Inzwischen sind diese Wege mehr und mehr in die öffentliche Förderung aufgenommen.
Als nächstes Tabu werden die Frauen das Thema der Erwerbstätigkeit älterer Frauen aufbrechen. Gängige Meinung ist doch, daß ab vierzig die Arbeitskraft im Erwerbserheblich nachlasse. Frauen, die den Wiedereinstieg ins Berufsleben wollen, brächten nicht die notwendige Bildungsvoraussetzung mit. Dabei wird überhaupt nicht bedacht, welche Kreativitäts- und Produktivitätsschübe die Unterbrechung des Erwerbslebens bringen kann. Eine kon-

tinuierliche Erwerbsbiographie bringt nicht unbedingt den höchsten Grad an Kreativität, vor allem Latenzphasen können sich immens produktiv auf spätere Aktivitäten auswirken. Wir müssen endlich anfangen, unseren Jugendfetischismus aufzubrechen. Weitere Beispiele lassen sich aus den Bereichen Raumplanung, Architektur, bildende Kunst und Literatur anführen.

Das ist ja für Frauen und Männer gleichermaßen von Bedeutung. Das für die Männer Beängstigende liegt doch darin, daß Frauen in ihre Positionen kommen.

Natürlich, das hat ja auch einschneidend mit dem bisherigen Männerleben zu tun. Es verändert ihren Anteil an Macht. Es muß etwas abgegeben werden. Es ist immer wieder interessant zu beobachten, daß Frauen in jeder nur denkbaren Form aktiv sein können, solange es nicht um Machtpositionen geht. Im ehrenamtlichen Bereich können sie sich so intensiv engagieren, wie sie wollen, zumal dort angesichts der heutigen Engpässe der Bedarf groß ist. Aber immer, wenn es tatsächlich um Positionen geht, die immateriell oder materiell Macht bedeuten, dann wird es schwierig. Insofern haben die gehobenen Positionen in Politik und Wirtschaft viel gemeinsam.
Und wie gering ist der Anteil der Frauen an politischen Mandaten und Ämtern in den neuen Bundesländern. Da hat sich die Demokratie noch nicht als dem Sozialismus überlegen erwiesen, jetzt sind noch weniger Frauen in verantwortlichen Positionen aktiv. Auch in den 40 Jahren Deutscher Bundestag sind die Veränderungen nicht sehr drastisch, wir hatten bis zur 11. Wahlperiode nicht mehr Frauen im Parlament, als es schon in der Weimarer Republik der Fall war.
Unabhängig davon können wir Frauen uns aber heute nicht

mehr der Verantwortung entziehen. Das Argument, wir würden ja nicht zugelassen, kann keine ausreichende Begründung dafür liefern, nicht mitverantwortlich zu sein. Das reicht einfach nicht aus. Wir sind verantwortlich, und wir müssen gerade in dieser schwierigen Umbruchphase mitarbeiten und Position beziehen.

Ist Macht eigentlich etwas Negatives?

Sie ist in Deutschland sehr negativ besetzt, und sie ist besonders negativ besetzt bei Frauen. Macht wird meist gleichgesetzt mit Machtmißbrauch. Wir müssen noch sehr viel Überzeugungsarbeit leisten, um den Frauen vor Augen zu führen, daß ohne Macht keine Einflußnahme zu erreichen ist. Politische Veränderungen werden nur möglich, indem man Einfluß auf Entscheidungen nimmt, und das geht nur mit Macht. Der Wunsch von Frauen, sich von allem fernzuhalten, mit dem man »sich die Hände schmutzig macht«, Fehler begeht und Fehlentscheidungen trifft, ist zwar in sich verständlich, aber nicht richtig. Vor allem verwundert mich immer, wie wenig den Frauen ihre private Macht bewußt ist. Mit privater Macht meine ich, in welcher Weise sie das Verhalten von Männern und Kindern beeinflussen und auch beeinflussen wollen. Da üben sie eine Menge Macht aus. Ohne Macht, das heißt Einfluß ausüben zu wollen, können wir weder gestalten noch verändern.

Beate Weber

Oberbürgermeisterin der Stadt Heidelberg
SPD

- *Geboren am 12. Dezember 1943 in Reichenberg; Schulbesuch in Heidelberg, Mülheim, Essen, Dortmund.*
- *1963 Abitur.*
- *1963 bis 1968 Sprachstudium an der Universität Heidelberg und an der Pädagogischen Hochschule Heidelberg.*
- *1968 bis 1979 Lehrerin an einer Grund- und Hauptschule und an der Internationalen Gesamtschule in Heidelberg; Beratungslehrerin.*
- *1975 bis 1985 Stadträtin in Heidelberg.*
- *Seit 1975 Stellvertretende Vorsitzende des Parteirates der SPD.*
- *1979 bis 1990 Mitglied des Europäischen Parlaments.*
- *1984 bis 1989 Wiederwahl ins Europäische Parlament; Vorsitzende des Ausschusses für Umweltfragen, Gesundheit und Verbraucherschutz im Europäischen Parlament.*
- *23. 10. 1990 Wahl zur Oberbürgermeisterin der Stadt Heidelberg.*
- *1 Kind.*

»Ich bin inzwischen eine rigide Verfechterin von Quoten.«

Ich hätte früher bestritten, daß es eine weibliche Politik gibt, aber heute glaube ich, daß es sie schon gibt, weil Frauen doch offenkundig anders an Themen herangehen und vor allen Dingen anders mit Strukturen umgehen, die sie vorfinden. Mir ist während meiner Arbeit im Europäischen Parlament aufgefallen, daß, unabhängig von den Themen, mit denen wir es zu tun haben, die Bereitschaft, quer zu denken, also durch die Themenbereiche hindurch, unhierarchisch, bei den Frauen sehr viel ausgeprägter ist. Das hat sicher was mit der Lebenserfahrung zu tun, mit der weniger starken Ausrichtung auf eine ganz bestimmte Karriere, mit vernetztem Denken. Das macht Männern Probleme, weil sie einfach nicht so denken. Wenn beispielsweise ein Umweltausschuß sich dauernd einmischt in die Politik der anderen Ausschüsse, was eigentlich sachgerecht ist – also in die Arbeit des Energie-, des Regional-, des Verkehrsausschusses, des Landwirtschaftsausschusses, in die ganzen Finanzbereiche dann wird das von Männern mit viel größerem Unverständnis gesehen als von Frauen.

Gehen Frauen aus anderen Gründen in die Politik als Männer?

Das kann sein, ja. Mir ist immer wieder bei Veranstaltungen aufgefallen, daß bei einer bestimmten Art von Themen sehr viel mehr Frauen anwesend waren als bei anderen, nämlich beispielsweise bei der Friedens-, Umwelt-, Europapolitik. Das scheint mir ein Zeichen dafür zu sein, daß Frauen themenorientiert und nicht so sehr karriereorientiert in die Politik gehen. Das liegt sicher daran, daß diese Felder viel mit ihrer praktischen Lebenserfahrung zu tun haben. Ich habe das bei mir selbst erlebt, weil mir aufgefallen war, daß die älteren Herrn, die in den Räten sitzen, von manchen Problemen des Lebens überhaupt keine Ahnung haben. Zum Beispiel Nahverkehrsanbindung, Infrastruktur von neugebauten Stadtteilen und ähnliche Dinge. Und da kann man natürlich gerade in der Kommunalpolitik viel bewirken. Wir sind ja noch sehr wenige, ich glaube, acht oder neun Oberbürgermeisterinnen in Deutschland, davon haben nur zwei oder drei auch eine vergleichbare Kompetenz-Ausstattung, nämlich sozusagen Stadtdirektorin und Oberbürgermeisterin in einem zu sein.

Was machen Sie denn anders, als es ein männlicher Kollege täte?

Es ist ja sehr naheliegend und auch den Frauen zuerst zugestanden, daß sie eine andere Atmosphäre schaffen und sozialer agieren. Es ist sicher so, daß sich hier bei uns die Atmosphäre in der Stadtverwaltung geändert hat, daß sie demokratischer und offener geworden ist, daß der Umgangston ein anderer ist. Die wesentliche Änderung liegt in meinem Fall aber nicht nur im Frau-Sein, sondern darin, daß ich eine Funktion übernommen habe, die bisher von Verwaltungsleuten und nicht von Politikern ausgeübt worden ist. Schon dadurch habe ich sicher einen anderen Zugang zu den Forderungen von Stadträten und von der Bevölkerung. Und durch meine Erfahrungen im Umweltbereich habe ich gelernt, vernetzt zu denken. Deshalb störte mich anfangs auch sehr, daß die unterschiedlichen Ämter, die verschiedenen Bürgermeistern unterstanden, nicht ausreichend miteinander kommuniziert haben, zum Beispiel beim Bau von Kindergärten: Bau und Konzeption müssen miteinander verbunden werden, Stadtentwicklung mit

Bevölkerungsentwicklung und Arbeitsplätzen, Anbindung an öffentlichen Nahverkehr, Fahrradwege etc. Da gehört vieles zueinander und muß zusammen bearbeitet werden.

Haben Sie das Gefühl, daß die Presse Sie als Frau negativer bewertet hat?

Ich glaube nicht mehr, daß das irgend etwas mit Frau-Sein zu tun hat, sondern daß die Kritik sich bei mir heute an den Inhalten orientiert. Wobei es natürlich immer noch Menschen gibt, die meinen, daß ich Entscheidungen, die ihnen nicht gefallen, deshalb so treffe, weil ich eine »unwissende« Frau bin – aber damit kann ich leben.

Die wissen es dann nicht besser. Müssen Frauen besser sein?

Sicher, ganz eindeutig. Es ist völlig klar, daß sich Frauen manche Fehler nicht leisten dürfen, das habe ich in bisher allen Funktionen erlebt. Frauen dürfen nicht in der typisch unvorbereiteten Form in Sitzungen gehen, wie Männer das tun, die oft gar nicht wissen, was in den Vorlagen drin steht. Das habe ich während meiner Zeit im Europäischen Parlament bei Frauen nie erlebt. Das mag daran liegen, daß Frauen wissen, daß sie in Sippenhaft genommen werden, wenn sie das schlecht machen.

Kann man Ihre Erfahrungen auch auf die anderen europäischen Länder übertragen?

Ja, ganz klar. Es hat dort eine gute Zusammenarbeit der Frauen gegeben, es war unter Frauen immer am einfachsten, Probleme zu lösen. Zum Beispiel führte das Parlament Klage gegen die Regierungen der EG – Thema war Radioaktivität in Lebensmitteln nach Tschernobyl –, und diese

Klage haben wir mit Frauen durchgezogen. Das war Zufall, denn die Berichterstatterin für das Thema war eine Frau, die Vorsitzende des Rechtsausschusses ebenfalls – nebenbei eine britische Konservative –, und ich war Vorsitzende des Umweltausschusses. Die Klage haben wir gewonnen. Uns hat das Problem ganz einfach politisch verbunden, wir haben die inhaltlichen Argumente auf einen Nenner gebracht und den unnötigen Ballast zur Seite geschoben.

Nun sind ja wohl auch die Probleme gleichermaßen in den Ländern vorhanden.

Ganz sicher, aber es gibt europäische Länder, in denen durchaus Frauen gleichberechtigter behandelt werden als bei uns. Die südlichen Länder sind darin nämlich gar nicht so schlecht, wie wir immer meinen. Es gibt bei den Deutschen sehr leicht die Tendenz, sich ganz sicherzufühlen, was Emanzipation und Nicht-Macho-Verhalten angeht, aber wenn man mal ein bißchen tiefer bohrt, ist das Macho-Verhalten doch sehr, sehr ausgeprägt in Deutschland. Wenn man dagegen die italienischen Frauen ansieht, wie selbstbewußt sie agieren, auch Karriere machen. Die wirklich ernst genommene Rolle der Frau in der Familie ist in Italien sehr viel stärker als bei uns. Wenn man sich ansieht, welches Ansehen bei uns eine Frau hat, die die Familie sozusagen gestaltet: Die ganzen Finanzen, die ganze Wirtschaftspolitik, die logistischen Abwicklungen eines Haushalts, die erforderlich sind: und dann diese Bewertung! Ich denke, italienische Hausfrauen werden von der Gesellschaft höher bewertet.

Warum gehen bei uns Frauen in die Politik?

Ich glaube, weil sie an irgendeinem Problem merken, daß ihre Person und ihre Erfahrungen gefragt sind. Nicht alle, aber ich habe viele solcher Frauen erlebt. Ich kann mich hingegen nicht erinnern, jemals eine Frau getroffen zu haben, die beschlossen hatte, Politikerin zu werden. Was den Umgang der Frauen miteinander angeht – auch parteiübergreifend – habe ich immer wieder eine starke Solidarität erlebt. Dieses Vorurteil, daß Frauen sich wie Rivalinnen aufführen, ist einfach falsch.

Warum trauen sich so wenig Frauen, in die Politik zu gehen?

Es gibt so sehr wenig Möglichkeiten für Frauen, Sicherheit zu bekommen. Männer haben in der Regel immer wieder die Gelegenheit, sich über außerberufliche Tätigkeiten zu profilieren. Im Kommunalbereich sind das Vereine, Zirkel, Verbände. Dieses können Frauen aufgrund ihrer häuslichen Belastung kaum ausüben. Welche Frau kann auch abends irgendeinen Vorstandsposten bekleiden. Für viele Tätigkeiten in der Kommunalpolitik gehört es eben dazu, daß man sich außerberuflich qualifiziert. Auch viele Bereiche der beruflichen Qualifikation spielen sich nach Ablauf des normalen Arbeitstages ab. Da ist mal jemand bereit, eine Sitzung zu leiten oder in einen Arbeitskreis zu gehen, oder in Gesprächen Sachverhalte abzuklären. Wann soll eine Frau das denn tun? Hat sie – mit Familie im Hintergrund – überhaupt die Chance, so etwas zu übernehmen, obwohl sie es gern täte? Solche Dinge zeigen auch dem Vorgesetzten, daß da jemand bereit ist, zusätzlich zu arbeiten, und das fällt bei Frauen flach. Welche Frauen haben denn schon beruflich die Möglichkeit, qualifiziert zu arbeiten? Ich versuche gerade, in der Stadtverwaltung die Schreibbüros schrittweise abzuschaffen, weil das für die Frau fatal ist. Sie können sich nicht qualifizieren, sie können nur funktionieren – oder nicht. Sie haben keine Möglichkeit, ihrer Umgebung zu zeigen, daß sie vielleicht qualifiziert sind. Wir haben also die Schreibkräfte wieder den Fachreferaten zugeordnet. Das mögen nicht alle, und ich denke, das Ganze dauert eine Weile, bis der Vorteil erkannt wird. Ein anderes positives Beispiel: Wir haben dezentrale Bürgerbüros in den Stadtteilen eingerichtet, wo alle Tätigkeiten der Verwaltung, die dafür geeignet sind, abgewickelt werden. Das ist ein phantastischer Arbeitsplatz, auf den sich auch fast nur Frauen beworben haben. Dort können sie mit den Bürgern kommunizieren, können völlig unterschiedliche Tätigkeiten der Stadtverwaltung ausüben – vom Einwohnermeldeamt und Paßwesen bis hin zur Sozialhilfe. Dort können sie kreativ sein, Lösungen suchen und anbieten. Überhaupt halte ich – auch in der Verwaltung – nichts von Strukturen an sich, sondern nur, wenn sie hilfreich sind.

Warum halten denn Männer so an Strukturen fest?

Weil das für sie das normale Leben ist. Weil sie von Anfang an lernen, daß man sich in diesen Strukturen weiterentwikkelt. Das ist gar kein Vorwurf, sondern es ist ihnen von klein auf eingeimpft: Sie müssen vorankommen, und vorankommen heißt, wenig nach rechts und links gucken, sondern gerade aufsteigen. Wenn dieser gerade Aufstieg zum Beispiel dadurch behindert wird, daß das Amt, in dem man ist, geteilt wird – was macht man denn da? Da ist auf einmal eine Weiche, und man weiß nicht, soll man nach rechts oder links gehen. Dadurch gibt es einen Bruch. Das ist sicher sehr einfach dargestellt, und es gibt auch andere, aber es gibt eben sehr viele Männer, die so gepolt sind. Deshalb halte ich die Emanzipation von Männern ja auch für so wichtig. Für mich ist es also nicht wichtig, nur mehr Frauen, sondern mehr emanzipierte Menschen in die Parlamente zu bekommen.

Wie ist denn Ihr Verhältnis zur Macht?

Es ist wirklich so, daß es Spaß macht, die Möglichkeit zu haben zu bestimmen, daß etwas so oder so gemacht wird, aber auch die Macht zu haben, Menschen dazuzubringen, daß sie selber etwas tun. Ich merke das in der Stadtverwaltung mit den anderen Vorstellungen von Verwaltung in bezug zu den Bürgern oder auf Themen. Ich merke – an Männern und Frauen – wie sie sich verändern, wie sie ihre eigenen Fähigkeiten anders einsetzen, wie sie merken, daß ihre Arbeit auch Freude machen kann. Natürlich ist Arbeit nicht immer lustig, aber ich habe schon den Eindruck, daß viele den Ball aufgefangen haben und nun anders mit ihrer Arbeit umgehen. Und die Macht, so etwas zu bewirken, ist sehr erfreulich.
Oder: In meinen Wahlkampfveranstaltungen hatte ich manchmal den Eindruck, daß die Menschen ganz erstaunt waren, daß Wahlkampf so sein kann, daß man mit Ideen und Vorschlägen, zum Teil locker vorgebracht, kommen kann, so daß Nachdenklichkeit entsteht. Ich hätte das nicht als Macht bezeichnet, aber wahrscheinlich ist es schon so etwas.

Sich nicht allzu sehr hierarchisch zu benehmen, wird ja gemeinhin als Schwäche angesehen.

Das ist mir persönlich zwar egal, aber die Erfahrung kann ich teilen. Wenn ich versuche, meine Verwaltungsstruktur so zu ändern, daß es mehr Bürgermeister gibt, was ich für dringend notwendig halte, will ich nicht meine Verwaltung aufblähen, wie das manche meinen, sondern weil ich meine, daß es mehr Köpfe geben muß, die konzeptionell denken und aus bestimmten Themenbereichen Erfahrungen mitbringen. Natürlich gibt es da immer jemanden, der mir vorwirft, ich müsse das so machen, weil ich selber von den Themen zu wenig Ahnung hätte. Wenn ich mir ansehe, wer mir das vorwirft, und mir dann überlege, welche Themenbereiche ich in den letzten elf Jahren im Europäischen Parlament zu bearbeiten hatte, dann sage ich mir: »Was soll's.«

Was ist denn so reizvoll an der Kommunalpolitik?

Ich hätte nicht als Oberbürgermeisterin kandidiert in einem Bundesland, wo Oberbürgermeister nur Vorsitzende des Gemeinderates sind. Die Kombination von politischer und administrativer Verantwortung, direkt von den Bürgerinnen und Bürgern gewählt zu sein – also zu wissen, es gibt eine persönliche Unterstützung für die Inhalte, die man vertritt –, und dazu in einem Zeitraum von acht Jahren, das finde ich in der Tat reizvoll.

Ich bin übrigens inzwischen eine rigide Verfechterin von Quoten. Das war ich früher nie, da dachte ich, Quoten haben keinen Sinn, weil sich dann die Frauen, die es geschafft haben, diskriminiert fühlen. Mittlerweile habe ich gemerkt, daß allein die Chance, mit einer Funktion auftreten zu können, für Frauen ein unheimlicher Anreiz ist, selbst Mut zu bekommen, sich anzustrengen, sich selbst etwas zuzutrauen. Ich selbst habe festgestellt, daß es für Frauen ein Anreiz ist zu sehen, daß eine Frau es geschafft hat. Immer wieder neu, vor allem in Veranstaltungen. Quoten sind neben der inhaltlichen Arbeit dieser Frauen auch dafür wichtig, daß eine bestimmte Anzahl von Frauen mit einer Funktion auftreten kann. Diese Vorbildfunktion ist unermeßlich wichtig.

Und noch etwas: Wenn man noch nicht so schnell durchsetzen kann, daß Frauen an verantwortlichen Positionen mitwirken, dann ist so eine Quote wirklich notwendig, um sicherzustellen, daß ganz bestimmte Politikbereiche nicht mehr ohne Frauen entschieden werden.
Nehmen wir die Stadtplanung: Wieviele Männer besitzen Autos, wieviele Männer nutzen ihr Auto, um ihre Wege zurückzulegen – da ist es völlig klar, daß vorrangig Stadtplanung für Auto fahrende Männer gemacht wird. Wieviele Millionenbeträge werden in diese Art von Straßenbauplanung gesteckt und wie wenig in die Bereiche, die für Frauen wichtig sind. Beispiel Unterführung: Wir haben hier in Heidelberg eine große Unterführung ohne Fahrmöglichkeit für Räder oder Rollstühle oder für Kinderwagen. Zumindest letzteres trifft hauptsächlich Frauen. Und so etwas darf nicht passieren. Wir haben gerade ein Amt für Frauenfragen eingerichtet, weil ich eine Stabsstelle für Frauen – bei mir angesiedelt – nicht wollte. Die Leiterin dieser Stelle nun ist selbständige Amtsleiterin, auch Frauenbeauftragte, und sie hat die Möglichkeit, mit den Amtsleitern der anderen Bereiche gleichberechtigt zu verhandeln. Das hat eine große Diskussion hier gegeben, weil das in Deutschland unüblich ist.

Ist die Zukunft weiblich?

Die Sichtweise der Frauen muß dringend in die Zukunftsplanung, sonst zerbricht der ganze Erdball, wird die Umwelt, werden die sozialen Beziehungen zerstört, sonst gehen unzählige Menschen vor die Hunde. Kriege sind noch wenige von Frauen angezettelt worden, und Geld für Rüstung statt für soziale Maßnahmen wird in der Regel von Männern ausgegeben. Und wenn ich mir die Entwicklungspolitik ansehe, dann sind es die Frauen, die dafür sorgen,

daß das Geld für die Zukunftsvorsorge verwendet wird, also für die Erziehung der Kinder, für die Sozialabsicherung, für die Gesundheitsvorsorge – also in die Infrastruktur geht, und nicht in irgendwelche Prestigeobjekte.
Noch ein Gedanke: Wieviele Menschen sind wohl der Meinung, daß Frauen in der Finanzpolitik die Experten sind. Andererseits wissen alle, daß in über 80 Prozent der deutschen Haushalte die Frauen über das Geld verfügen, mit diesem Geld umgehen und teilweise unter sehr schwierigen Bedingungen dafür sorgen, daß am Ende des Monats auch noch Geld da ist. Was ist das anderes als phantastische Wirtschafts- und Finanzpolitik? Das bedeutet, daß eindeutig vorhandene Fähigkeiten von Frauen, in einen anderen Zusammenhang gestellt, nicht ernst genommen, sondern abgewertet werden.